A POLÍTICA CONTRA O VÍRUS

**RANDOLFE RODRIGUES
E HUMBERTO COSTA**
Em depoimento a Rodrigo Levino

A POLÍTICA CONTRA O VÍRUS

Bastidores da CPI da Covid

Companhia Das Letras

Copyright © 2022 by Randolfe Rodrigues, Humberto Costa

Grafia atualizada segundo o Acordo Ortográfico da Língua Portuguesa de 1990, que entrou em vigor no Brasil em 2009.

Capa
Alceu Chiesorin Nunes

Preparação
Mariana Donner

Revisão
Ana Maria Barbosa
Bonie Santos

Dados Internacionais de Catalogação na Publicação (CIP)
(Câmara Brasileira do Livro, SP, Brasil)

Rodrigues, Randolfe
　A política contra o vírus : Bastidores da CPI da Covid / Randolfe Rodrigues, Humberto Costa. — 1ª ed. — São Paulo : Companhia das Letras, 2022.

　ISBN 978-65-5921-129-6

　1. Bolsonaro, Jair Messias, 1955- 2. Brasil – Política e governo 3. Coronavírus (covid-19) – Política governamental – Brasil 4. covid-19 (Doença) – Aspectos sociais 5. covid-19 – Pandemia 6. Políticas públicas 7. Saúde pública I. Costa, Humberto. II. Título.

22-121418　　　　　　　　　　　　　　　　　　CDD-361.6140981

Índice para catálogo sistemático:
1. Conoravírus : covid-19 : Política social
e direitos humanos : Bem-estar social　　361.6140981

Aline Graziele Benitez – Bibliotecária – CRB-1/3129

[2022]
Todos os direitos desta edição reservados à
EDITORA SCHWARCZ S.A.
Rua Bandeira Paulista, 702, cj. 32
04532-002 — São Paulo — SP
Telefone: (11) 3707-3500
www.companhiadasletras.com.br
www.blogdacompanhia.com.br
facebook.com/companhiadasletras
instagram.com/companhiadasletras
twitter.com/cialetras

SUMÁRIO

Introdução: A arte de recuar para avançar..... 7

1. COSTURAS E ASSINATURAS 19

2. A ESTRATÉGIA GENOCIDA 31

3. RETRATOS DO DESGOVERNO...................... 55

4. O TABULEIRO DE XADREZ 71

5. NO RINGUE DA POLÍTICA NACIONAL 85

6. A TEMPERATURA NÃO PARA DE SUBIR 95

7. BACALHAU E ÓPERA-BUFA 111

8. CORAÇÕES, MENTES E LIKES..................... 117

9. A POLÍTICA CONTRA O VÍRUS 139

Agradecimentos 151

INTRODUÇÃO
A ARTE DE RECUAR PARA AVANÇAR

"Randolfe, você sentaria a uma mesa com Flávio Bolsonaro?", perguntou Rodrigo Pacheco, à queima-roupa. À improvável pergunta seguiu-se uma imediata e ainda mais improvável resposta: "Sim". Mas é preciso recuar um pouco para que o episódio ganhe sentido. Afinal, no início de 2021, nossos parâmetros de normalidade pareciam estar suspensos.

No dia 13 de fevereiro, sábado de Carnaval, o Recife acordou sem os clarins do Galo da Madrugada. Em Macapá, na terça-feira, dia 16, pela primeira vez em 56 anos, o povo não viu A Banda passar. A maior festa popular do Brasil foi silenciada pelas medidas de isolamento social adotadas por prefeituras municipais e governos estaduais e pela marca de mais de 230 mil vidas que a covid-19 já havia ceifado até então, segundo atestavam as contagens oficiais.

Naquele momento, a pandemia no país estava sem controle. A insuficiência de vacinas e a lentidão na aplicação das poucas doses disponíveis davam contornos desesperadores à situação. Do cercadinho montado para apoiadores no Palácio da Alvorada, ignorando a escalada assombrosa das mortes, o presidente da República tratava a doença por "gripezinha" e fazia exercício ilegal da medicina ao prescrever tratamento precoce e remédios ineficazes no combate ao vírus.

A postura pessoal de Jair Bolsonaro foi logo transposta para a administração pública. O governo federal, moldado à sua imagem e semelhança, portava-se diante da grave crise sanitária com a mesma irresponsabilidade com que o chefe do Executivo lidava com a doença.

Seja por ações escandalosas, como a distribuição de vermífugos para eliminar um vírus, seja pela inação deliberada, como a recusa em adquirir vacinas, o Planalto deixava claro que não iria recorrer a meios científicos e ortodoxos para tratar a questão. Norteado por um curandeirismo obtuso e pela crença em teses fantasiosas sustentadas por um gabinete paralelo ao corpo técnico do Ministério da Saúde (MS), Bolsonaro deixava claro que o governo tinha por meta fomentar a proliferação da covid na certeza de que a contaminação em massa levaria à imunização dos brasileiros. "Eu tive a melhor vacina: o vírus" era o entendimento que orientava o presidente.

Assustados com a postura de Bolsonaro e com uma realidade cada vez mais dramática, diversos setores da sociedade começaram a buscar soluções não convencionais para o problema, como pressionar o Congresso Nacional pela aprovação de leis que permitissem a compra de vacinas por empresas, associações profissionais e outras instituições privadas.

Muitas dessas propostas, contudo, escondiam, sob o manto da boa ação, empresários que pretendiam vacinar antecipadamente seus trabalhadores para a imediata volta à atividade das próprias empresas, paralisadas pelas medidas de confinamento. Outras aproveitavam o momento para tentar instituir novos marcos legais que favorecessem lucros a determinados segmentos pela comercialização de imunizantes. Eram medidas que, se aprovadas da forma como foram pensadas, alargariam o fosso social brasileiro em plena pandemia, privilegiando a vacinação de elites em prejuízo dos mais pobres e vulneráveis.

Nem todo mundo, no entanto, compartilhava dessa visão estreita e oportunista. Como muitos de nós no Congresso, figuras de relevo na sociedade pensavam numa solução coletiva para o Brasil e estavam empenhadas em propostas não excludentes, que pudessem salvar os brasileiros como um todo daquela tragédia humanitária sem precedentes na nossa história.

No começo da noite de 17 de fevereiro de 2021, Quarta-Feira de Cinzas de um Carnaval que não houve, um surpreendente telefonema sopraria os ventos de novos rumos na corrida por uma ação decisiva do parlamento que pudesse ajudar o Brasil:

"Senador Randolfe? Aqui é Luiza Trajano. Precisamos encontrar uma maneira de destravar o processo de vacinação da população."

Desde o segundo semestre de 2020, muitos dos maiores empresários brasileiros acompanhavam, preocupados, o fato de que a negociação de grandes laboratórios para a venda de vacinas contra a covid-19 estava emperrada no Ministério da Saúde. O governo alegava que o ponto de maior conflito para a aquisição das vacinas era a cláusula constante dos contratos que eximia juridicamente os laboratórios de responsabilização civil ou criminal por efeitos adversos dos imunizantes aplicados na população. Ou seja, nenhum laboratório poderia ser acionado judicialmente caso alguém, por exemplo, ficasse com sequelas ou mesmo morresse por causas associadas à vacina.

Essa cláusula era comum a todos os contratos que laboratórios como Pfizer/BioNTech e Johnson & Johnson, produtora da vacina Janssen, tinham realizado com diversos países, como Estados Unidos, Inglaterra, Israel e membros da União Europeia.

O Ministério da Saúde classificava o dispositivo como "cláusula draconiana" e dizia recusar a assinatura de contratos que o contivessem. Mas, para a aquisição da vacina indiana Covaxin, a mais cara entre todas as cotadas pela pasta, não houve obstáculo à previsão do artigo num acordo assinado ainda em 2020, que jamais chegou a ser cumprido porque revelou-se o epicentro de um escândalo bilionário de corrupção.

Em sua cruzada negacionista e anticiência, Bolsonaro aproveitava a divergência contratual sobre a não responsabilização dos laboratórios para incutir medo no povo sobre a imunização. "Se tomar vacina e virar jacaré, não tenho nada a ver com isso", disse o presidente em 17 de dezembro de 2020. "Se nascer barba em alguma mulher aí ou algum homem começar a falar fino, eles [os laboratórios] não vão ter nada a ver com isso", reforçou ele.

Poucos dias depois das investidas de Jair Bolsonaro contra as vacinas, o Planalto enviou ao Congresso Nacional, em 6 de janeiro de 2021, uma medida provisória regulamentando a compra de imunizantes e insumos relacionados. O texto, aprovado em 23 de fevereiro, foi relatado pelo deputado bolsonarista Pedro Westphalen, do Progressistas gaúcho, e saiu na medida do que queria o governo.

No começo de janeiro, estivemos com alguns membros do Congresso em uma reunião com representantes da Janssen em que a questão da cláusula foi abordada. Eles nos informaram que a Pfizer também passava por dificuldades semelhantes na negociação com o Ministério da Saúde. Entre as emendas que foram apresentadas à chamada MP das Vacinas, havia uma que contemplava justamente a aceitação da cláusula mencionada, o que destravaria os contratos de compra das vacinas da Pfizer/ BioNTech e da Janssen. Por ser de autoria de um conhecido membro da oposição ao governo — o senador da Rede que é também um dos autores deste livro —, a emenda foi rejeitada pelo relator.

Com isso, o Brasil ficaria de fora da compra de duas das principais marcas de imunizantes, em um cenário mundial em que a produção ainda era muito escassa e disputada. Para evitar que o país fosse excluído do mercado e retardasse ainda mais a aquisição de vacinas, restava apelar ao presidente do Senado, Rodrigo Pacheco, para que o assunto fosse tratado com mais interesse pela Casa e no mais alto nível político. Eleito para o cargo também com o apoio do Planalto, Pacheco era sensível ao tema, mas vivia se equilibrando nas cordas para acomodar as demandas que recebia, muitas delas conflitantes.

Aos setenta anos, Luiza Trajano é uma das mulheres mais ricas do Brasil, com uma fortuna avaliada em 1,4 bilhão de dólares segundo a revista *Forbes*.

A *Time* a aponta como uma das cem pessoas mais influentes do mundo. Presidente do Magazine Luiza, ela comanda uma rede de quase mil lojas em todo o país, que emprega mais de 47 mil pessoas, além de ter uma forte presença no comércio eletrônico. Em 2021, ano mais trágico da pandemia, seu patrimônio encolheu em dois terços com a queda de 70% no valor das ações da gigante varejista.

Mas, no telefonema de 17 de fevereiro daquele ano, a preocupação de Luiza Trajano era outra. A empresária estava particularmente empenhada em saber o que poderia ser feito para que o veto do relator da MP fosse contornado. Como Rodrigo Pacheco levava o tema em banho-maria, Luiza Trajano chamou para si a responsabilidade de aumentar a fervura para encontrar uma solução que abrisse o Brasil à entrada expressiva de vacinas. A paulista foi ao mineiro e pediu a ele que desse atenção à emenda de Randolfe e o procurasse para uma conversa.

Poucos dias depois, em 22 de fevereiro, o redator da emenda foi convidado para uma agenda na residência oficial do presidente do Senado, que havia considerado o texto muito bom. Lá ocorreu uma reunião virtual com representantes da Pfizer, da Janssen, da Interfarma e do Sindusfarma.

Não era a primeira vez que se tentava uma articulação parecida. Um convite anterior, feito em janeiro e sem a participação do presidente do Senado, havia sido recusado pela Pfizer. Isso porque a empresa avaliou que a negociação com o MS poderia se tornar ainda mais difícil se um representante do laboratório aparecesse junto a um senador de oposição. A realidade mostrava que eles não poderiam estar mais certos.

Naquele 22 de fevereiro, durante a reunião na residência oficial do presidente do Senado, houve uma convergência para a ideia de que o meio mais seguro de garantir a aprovação do dispositivo era a apresentação de um projeto de lei específico para esse fim, em vez da proposta de uma emenda à MP. Pacheco ouviu a proposta e não se opôs.

No final do encontro, ele abdicou de falar com a imprensa e partiu para o Ministério da Saúde com a finalidade de tratar diretamente do assunto e avisar que estava dando seu apoio político e pessoal à iniciativa. Naquela mesma semana, técnicos da pasta e da Agência Nacional de Vigilância Sanitária (Anvisa) já haviam se manifestado cobrando pressa por parte do governo na celebração dos contratos de compra das vacinas.

Na época, o ministério era comandado por Eduardo Pazuello, general de divisão da ativa, terceiro ministro a ocupar a pasta em plena pandemia. Terminada a reunião, Pacheco conversou com jornalistas ao lado do senador Flávio Bolsonaro, filho do presidente e um dos articuladores políticos do governo, o que demonstrava que o Planalto já havia encontrado uma maneira de interferir no processo, mas nós, da oposição, ainda não sabíamos o que estava em questão.

Os bastidores só vieram à luz no cair da tarde. Em uma conversa no seu gabinete, Rodrigo Pacheco confidenciou a colegas que a ideia do projeto de lei para expandir a vacinação causara "um ciúme danado" no governo e em sua base política no Congresso, sinalizando que, se a autoria fosse creditada a um senador da oposição, o presidente da República trabalharia contra a sua aprovação e, caso fosse aprovado, ele o vetaria.

Becos aparentemente sem saída como esse só podem ser vencidos com política, negociação e a consciência de que, às vezes, é preciso atrasar um pouco o passo para que o ganho seja maior logo à frente. Recuar não é fugir.

Dada a gravidade da situação, era preciso tornar real o impensável. Para não colocar em risco a aprovação do dispositivo, a autoria do projeto foi oferecida ao próprio Rodrigo Pacheco. Foi naquele contexto que o presidente do Senado propôs um encontro entre Flávio Bolsonaro e um dos mais contundentes adversários do governo. A reunião ocorreu na residência oficial do Senado, com a participação de técnicos da Anvisa e do MS, de Elcio Franco, o número dois da pasta, e do senador Flávio. Em clima de cooperação e sem qualquer animosidade, o projeto foi revisado até que estivesse pronto para ser apresentado ao plenário pelo presidente da Casa.

No dia 24 de fevereiro, o projeto foi aprovado pelo Senado. Aquele destravamento garantia ao país ao menos 100 milhões de doses de vacinas para atender aos brasileiros.

Com a nova lei, o Congresso driblou a pesada investida de grupos empresariais privados interessados na compra de vacinas para aplicação exclusiva no seu quadro de funcionários, criando ilhas de privilégios no Brasil e ferindo de morte o Sistema Único de Saúde (SUS). Tudo com o apoio entusiasmado de Bolsonaro, que, sem querer desembolsar dinheiro do governo federal para universalizar a imunização, chegou até mesmo a incentivar uma proposta da Associação Brasileira da Indústria de Máquinas e Equipamentos (Abimaq), um sindicato de patrões, para a compra de 33 milhões de doses, enquanto o Ministério da Saúde dificultava a realização dos contratos para a vacinação pública.

A postura de Luiza Trajano foi, além de republicana, uma marca que a distinguiu de muitos empresários brasileiros. A responsabilidade social e a altivez política com que agiu ao buscar Rodrigo Pacheco surtiram um efeito imediato. Graças a esse movimento, foi possível romper as resistências dentro do governo e, certamente, assegurar a vida de milhões de brasileiros, salvos da covid pela chegada das vacinas.

Nos dias em que estivemos na linha de frente da Comissão Parlamentar de Inquérito (CPI) da Covid, desvendamos fatos aterradores, revoltantes, tratativas não republicanas que se refletiram na vida de cada cidadão e cidadã, mas também presenciamos gestos de enorme grandeza, que, no final das contas, são portas abertas para a boa política.

A intervenção da empresária Luiza Trajano em defesa das vacinas não foi o único dos fatos extraordinários que vivemos em torno da pandemia e da CPI. A própria comissão foi fruto de um arranjo de contrários que só a política, que pressupõe diálogo e busca de consenso mínimo, permitiria. Pela primeira vez na história, a CPI teve ampla participação social, um trabalho parlamentar que rompeu os limites do Congresso Nacional e foi transmitido, ao vivo, para todo o país pelas televisões, rádios e especialmente pelas mídias sociais, como Twitter e YouTube, por meio das quais as atividades da comissão foram acompanhadas em tempo real.

A pandemia trouxe sofrimento ao mundo todo, mas nós, brasileiros, tivemos que lidar com um vírus tão ou mais nocivo e agressivo que o Sars-CoV-2: o bolsonarismo. Enquanto laboratórios no mundo inteiro trabalhavam para desenvolver vacinas e novas formas de tratamento, nós, políticos brasileiros, enfrentávamos o desafio de encontrar maneiras de nos opor eficazmente ao pior governo de nossa história. Nas páginas que seguem, vamos tratar de alguns dos episódios de maior relevo daquela que foi a maior e mais importante articulação de uma frente republicana e democrática contra o vírus que continua ameaçando a vida de nossos concidadãos.

1. COSTURAS E ASSINATURAS

O requerimento para a realização da CPI sobre a covid-19 foi apresentado no dia 18 de janeiro de 2021, quando 210 299 brasileiros e brasileiras já tinham perdido a vida para o coronavírus. A investigação seria feita sobre as "ações e omissões" do governo federal no enfrentamento da pandemia.

O requerimento já mencionava que, àquela altura, mais de 32 milhões de pessoas haviam sido imunizadas no mundo inteiro por até cinco vacinas diferentes, produzidas por grandes laboratórios, às quais o acesso do Brasil era precário, quando não abertamente sabotado pelo próprio presidente da República.

Em menos de um mês, alcançou-se o número mínimo de assinaturas determinado pela Constituição Federal para a criação e instalação da CPI. Mas, mesmo com o apoio de 27 dos 81 senadores, esse direito da minoria não estava sendo efetivado.

A presidência do Senado insistia na tese da inviabilidade do funcionamento de uma CPI durante o período da pandemia, o que criava algumas dificuldades para a instalação. Para cada passo adiante, dávamos três para trás. Entre um passo e outro, um rastro de tragédia.

No começo da tarde de 18 de março, recebemos a notícia de que o Major Olímpio — senador pelo estado de São Paulo, eleito na esteira do bolsonarismo e, ao longo do tempo, transformado em um dos mais severos críticos do governo — havia tido declarada a sua morte cerebral. Ele havia contraído covid-19 e morrido a dois dias de completar 59 anos. Foi um choque. Internado desde fevereiro, Olímpio chegou a participar, no dia 3 de março, de seu leito no hospital, da sessão em que aprovamos o pagamento do novo auxílio emergencial aos brasileiros.

Sua fala foi interrompida por uma forte crise de dispneia, o que o obrigou a abandonar a reunião remota, deixando-nos a todos fortemente apreensivos. Nunca mais o veríamos. Quando sua morte foi confirmada, fomos tomados por pesar. Olímpio, no entanto, não era o primeiro a tombar na Casa vítima da doença.

Em 13 de agosto de 2020, Carlos Alberto Pereira da Silva, de 63 anos, cinegrafista da TV Senado, uma carismática e carinhosa figura por trás da câmera que nos filmava no Salão Azul, abriu o caminho das perdas que teríamos ali. Em outubro, seria a vez do senador do Rio de Janeiro Arolde Oliveira, de 83 anos. Em fevereiro, nos despedimos do senador da Paraíba José

Maranhão, aos 87 anos. Também no começo de fevereiro, Sérgio Petecão, senador pelo Acre, havia perdido dois assessores em uma semana, vítimas da covid, assim como Omar Aziz, que viria a ser presidente da CPI, enfrentara a morte do irmão, Walid, no mês anterior.

Na Câmara dos Deputados, mais de quinhentos funcionários e assessores haviam contraído a doença desde o início da pandemia, e as mortes passavam de vinte, a maioria em 2021. Cento e dois deputados federais contraíram a doença no mesmo período. Muitos dos que pereceram eram correligionários nossos das regiões Norte e Nordeste, que pouco conseguimos socorrer.

O Brasil, que, na emergência da doença, chegou a pressionar a Organização Mundial da Saúde (OMS) para que a declarasse uma pandemia, ficou pelo meio do caminho e se tornou, em dois meses, o epicentro mundial da doença, um risco global. Fomos de um caso diagnosticado no dia 26 de fevereiro de 2020 para mais de 200 mil mortos até o final do mesmo ano. Esse número cresceria para além do triplo em 2021.

A notícia da morte do Major Olímpio — talvez por sua idade não ser tão avançada ou pela proximidade de todos da situação — causou muita comoção entre os senadores, que passaram a se comunicar por meio de aplicativos de mensagens, trocando impressões e cobranças entre si. "Precisamos fazer alguma coisa" era o tom dominante nas conversas. Olímpio defendia ideias e valores muito diferentes dos nossos, mas foi um dos primeiros a assinar o pedido de instalação da CPI.

Uma fatídica reunião ocorrida no Senado, dez dias antes de ele ser diagnosticado com a doença, ajudou a compor o clima de pavor entre nós. O grupo denominado Muda Senado reuniu-se em uma minúscula sala para debater questões relativas ao parlamento, com a presença de Alessandro Vieira, Eduardo Girão, Lasier Martins, Soraya Thronicke e o próprio Olímpio.

O encontro aconteceu na mesma semana da Marcha dos Prefeitos, uma romaria que acontece anualmente, quando Brasília é visitada por centenas de gestores municipais de todo o país que batem às portas do governo federal e do Congresso em busca de verbas orçamentárias, apoio para demandas locais e propostas legislativas que possam beneficiar suas cidades. Muitos deles foram recebidos por vários senadores.

Na reunião, em que foram servidos café e água, apenas um deles recusou e se manteve de máscara no rosto, o senador Eduardo Girão, do Ceará. Os demais dispensaram o uso da proteção. Dos cinco presentes, três seriam internados em menos de uma semana — um deles morreria e os outros dois, Alessandro e Lasier, teriam importantes sequelas depois de um período de internação. Girão foi salvo pela máscara.

A morte tinha chegado ao Senado de maneira impactante, mas o vírus já estava espraiado por suas dependências e entre seus servidores havia tempos. O risco tinha sido detectado no começo da pandemia, quando as atividades legislativas presenciais foram suspensas. Arquitetonicamente, o Congresso Nacional funciona como uma espécie de caixa, onde a ventilação natural pouco é utilizada e as salas são preenchidas com o ar que advém dos condicionadores, tudo o que não se recomenda como parte da profilaxia da doença.

À distância, o Senado manteve apenas as atividades mínimas. Até mesmo a CPI das Fake News, que investigava a disseminação de notícias falsas e discursos de ódio realizada por veículos e internautas ligados a Bolsonaro desde a campanha de 2018, teve seus trabalhos interrompidos. Não sabíamos ainda que essas linhas se cruzariam e que, no trato criminoso que dispensou à pandemia no Brasil, o governo havia lançado mão da mesma rede suja que funcionara durante as eleições de 2018.

Desde o pleito, aliás, nós, da oposição, deparamos com inúmeras dificuldades para encontrar a forma adequada de promover um enfrentamento eficiente a um governo que, apesar de nitidamente negligente, manteve durante quase todo o primeiro ano da pandemia um bom percentual de apoio popular, garantindo um quinhão de, pelo menos, um terço do eleitorado.

Elementos dessa percepção também nos chegavam pelas redes sociais, onde o governo mantinha uma militância em ordem unida, atuando como "blitzes" de narrativas e grupos de *trolls*, disseminando todo tipo de desinformação e ações abertamente contrárias à contenção do vírus, manipulando dados oficiais, estudos médicos e até vídeos de entrevistas nossas.

É verdade que um dos cernes da atividade parlamentar foi bastante prejudicado pela suspensão dos encontros presenciais. O debate de ideias, o enfrentamento de contrários, as composições e a cobrança vigilante ao Poder Executivo perderam muito com a quarentena. Mas nos adaptamos. Aprendemos a usar novas tecnologias, iniciamos uma série de lives, entrevistas, convidamos especialistas para debater inúmeras questões, da saúde à economia criativa, geramos conteúdo, engajamento e, aos poucos, sentimos um retorno que não era comum nas redes dominadas pelo bolsonarismo.

Ancorado no auxílio emergencial que havia sido demandado pelo próprio Congresso e pelo qual originalmente se propôs a pagar apenas um terço do que aprovamos, o governo Bolsonaro angariou apoio nas classes sociais mais prejudicadas, capitalizando o benefício garantido por nós. Foi uma batalha de comunicação que perdemos: não conseguimos fazer o eleitor enxergar que, na verdade, o governo tinha até atuado contra a medida. Mas os fatos, no entanto, além de teimosos, eram trágicos, e logo começaram a se sobrepor a essa situação.

Foi pelas redes sociais também que acompanhamos os primeiros relatos de uma tragédia anunciada, afora a comoção e a pressão que se seguiram: a segunda onda de covid-19 no Brasil, que começou em Manaus, capital do Amazonas. Em 10 de dezembro de 2020, Jair Bolsonaro havia declarado irresponsavelmente: "Estamos vivendo um finalzinho de pandemia". Nada até ali, a não ser a sua postura de completa negação dos fatos, dava a entender que a afirmação era verdadeira. Naquela semana, já havíamos passado dos setecentos óbitos por dia, um número que, no começo da pandemia, quando relatado por países da Europa, já nos deixava em choque.

Depois de um repique de casos após as eleições municipais, em novembro de 2020, e o afrouxamento das medidas de restrições no final do ano, janeiro de 2021 chegou como uma onda de morte e pavor. Em doze dias, as internações de vítimas graves da covid-19 em Manaus passaram de 2 mil, e o número de sepultamentos havia aumentado em 450%, uma verdadeira tragédia.

No dia 14 de janeiro de 2021, o Brasil ganhou as manchetes do mundo inteiro com o drama de pacientes morrendo nos hospitais de Manaus por falta de oxigênio. As imagens pareciam as de uma guerra civil. As casas de saúde fizeram uso de câmaras frias e contêineres alugados para dar conta do armazenamento dos corpos. Nos cemitérios públicos, havia filas para os sepultamentos, que batiam seguidos recordes diários. As imagens de pessoas morrendo por falta de oxigênio, médicos, equipamentos, leitos e remédios em hospitais públicos e privados, culminando na inexistência de locais suficientes para armazenamento de tantos corpos, chocaram o Brasil e o mundo.

Uma semana antes, e disso só saberíamos à medida que as investigações e os depoimentos na CPI ocorressem, a White Martins, fornecedora de oxigênio dos hospitais públicos de Manaus, havia informado ao Ministério da Saúde a iminente falta do produto diante do assustador aumento da demanda. No dia 11 de janeiro, outra correspondência eletrônica pedia "apoio logístico imediato" para transporte de oxigênio à cidade.

Em meio à crise no abastecimento de oxigênio no Amazonas em decorrência da explosão de casos da covid-19, os Estados Unidos ofereceram ao governo de Jair Bolsonaro o aluguel de um avião militar para o transporte do insumo. O Ministério da Saúde, no entanto, não aceitou a negociação, por entender que os "esforços nacionais" já eram suficientes.

A CPI revelou que, dez dias antes da falta de oxigênio, o governo Bolsonaro fora alertado sobre o risco de colapso do sistema de saúde em Manaus por um documento produzido pelo Ministério da Saúde datado de 4 de janeiro.

Nesse período, a pasta, sob o comando do general Eduardo Pazuello, armou uma força-tarefa na capital amazonense estimulando a adoção do chamado "tratamento precoce", com o uso de medicamentos como cloroquina e ivermectina, conhecidos havia muito como ineficazes contra a doença. A respeito do oxigênio, Pazuello declarou em entrevista: "O que você vai fazer? Nada".

O governo federal não respondeu ao pedido de cilindros de oxigênio feito no dia 7 de janeiro pelo então secretário de Saúde do Amazonas. Mas um telefonema do embaixador da Venezuela no Brasil, Alberto Castelar, acendeu uma luz de esperança nas trevas que pairavam sobre Manaus. As imagens tinham chocado os telespectadores do lado de lá da fronteira, e o embaixador nos sondou como poderia ajudar o estado do Amazonas, pois havia disponibilidade de cilindros de oxigênio no país vizinho.

Em menos de 48 horas essas conversas deram frutos, e 60 mil metros cúbicos de oxigênio foram enviados para a capital do Amazonas. Na mesma semana, artistas brasileiros como a cantora Anitta e os humoristas Whindersson Nunes e Paulo Gustavo (este posteriormente vitimado pela própria covid) realizaram um mutirão entre os seus colegas para arrecadar dinheiro ou realizar a compra direta de cilindros de oxigênio.

No auge da crise em Manaus, o governo que tanto temia que o Brasil virasse uma Venezuela foi socorrido justamente pelo governo de Nicolás Maduro. O episódio não apenas deixava à mostra a generosidade do governo venezuelano e dos artistas brasileiros, mas, acima de tudo, o completo desinteresse do governo federal, que, mesmo dispondo de uma máquina operacional e de recursos muito superiores àquilo que se conseguiu articular junto à sociedade civil, nada fez para sanar o problema. Para efeito de comparação, um dia depois que o secretário de Saúde estadual alertou para a possível falta de oxigênio nos dias seguintes, o governo enviou, via Forças Armadas (FFAA), meros 3 mil metros cúbicos de oxigênio para o estado.

Tanto o Amapá como Pernambuco, estados pelos quais fomos eleitos, já haviam enfrentado a duras penas as consequências da primeira onda, e sabíamos que era questão de tempo até a segunda nos alcançar. A tragédia amazonense começou a fragilizar a narrativa do governo federal, que, na pessoa do presidente, havia até mesmo se pronunciado contra o fechamento do comércio na capital em dezembro, quando decretado o lockdown pelo governador Wilson Lima.

Parlamentares bolsonaristas, como Bia Kicis, Carla Zambelli e Eduardo Bolsonaro, incitaram de forma orquestrada e sistemática a população a não seguir as regras de proteção, a protestar contra o lockdown e a desafiar a pandemia. Aliado de Bolsonaro, Lima voltou atrás. A colheita da má decisão foi trágica.

A partir daquele caos, o pedido de instalação da CPI tornara-se uma necessidade, e urgia que fosse subscrito pelo maior número possível de senadores. Isso, no entanto, demandaria tempo e muita costura política. Até então, a oposição ao governo era vocalizada quase que exclusivamente pelos partidos à esquerda e por movimentos sociais, ainda que esporadicamente surgissem iniciativas políticas coletivas que uniam contrários em prol de uma saída para a maior crise sanitária da nossa história. A força da política e o interesse da sociedade precisavam se sobrepor a todos os obstáculos.

2. A ESTRATÉGIA GENOCIDA

Dias antes da tragédia manauara, em 10 de dezembro de 2020, em uma de suas inúmeras falas negacionistas e atentatórias à saúde pública, dirigida a seguidores radicalizados, o presidente Jair Bolsonaro anunciou: "Estamos vivendo um finalzinho de pandemia". Dezembro, no entanto, fecharia o ano com o índice recorde de mortos: mais de 195 mil vidas de brasileiros ceifadas pela covid-19.

Àquela altura, a estratégia claramente adotada pelo governo Bolsonaro para o enfrentamento da pandemia era alcançar a imunidade natural coletiva contra o coronavírus pela sua transmissão rápida e intensa (também chamada imunidade de rebanho). Esse objetivo deveria ser atingido sem a necessidade de vacinação, independentemente das trágicas consequências desse plano.

O estudo "A linha do tempo da estratégia federal de disseminação da covid-19" iria confirmar a estratégia criminosa de Bolsonaro. Produzido pelo

Centro de Estudos e Pesquisas de Direito Sanitário (Cepedisa) da Faculdade de Saúde Pública (FSP) da Universidade de São Paulo (USP) e pela entidade Conectas Direitos Humanos, o estudo foi assinado pelas professoras Deisy Ventura, titular da USP, e Rossana Reis, do Departamento de Ciência Política da USP, além do professor Fernando Aith, da mesma universidade. O artigo foi resultado de uma ampla pesquisa que analisou 3049 normas federais relacionadas à covid-19 em 2020 e mais de seiscentas em 2021, entre decretos, portarias, projetos de lei, medidas provisórias, ações judiciais patrocinadas pelo governo, vetos a leis importantes aprovadas pelo Congresso Nacional, além do discurso do presidente Bolsonaro e de diversos integrantes do governo e de seus apoiadores no parlamento e na sociedade. Os autores elaboraram uma robusta linha do tempo que, de forma factual, demonstrou que os equívocos do governo federal no enfrentamento da pandemia não decorreram simplesmente de erros ou omissões. A conclusão do trabalho foi que o governo federal adotou como estratégia de enfrentamento da pandemia de covid-19 o estímulo intencional à disseminação do coronavírus para que o maior número possível de pessoas fosse acometido pela doença.

Na visão do governo, isso levaria ao desenvolvimento de uma imunidade natural nas pessoas e, com o tempo, o vírus não encontraria mais indivíduos suscetíveis à contaminação, deixaria de circular e a pandemia seria controlada sem a necessidade de vacinação. Não importaria o número de mortes, quadros graves ou sequelas que atingissem os brasileiros. A estratégia incluía também a divulgação de estimativas infundadas do número de óbitos e da data do término da pandemia.

O termo "imunidade de rebanho" vem da medicina veterinária e representa o processo final de controle de uma doença que acomete rebanhos, que é enfrentada por meio de vacinas. Após a imunização de um percentual elevado de animais, há uma queda importante do número de indivíduos suscetíveis à infecção pelo vírus, que, assim, perde a sua capacidade de se reproduzir. Ou seja, nem na verdadeira imunidade de rebanho a vacinação é dispensada como queria Bolsonaro.

Segundo os autores do estudo, o método aplicado pelo presidente da República consistiu em um tripé: a) plano de comunicação e propaganda ostensiva contra a saúde pública e seu aparato; b) combate às iniciativas dos entes subnacionais, incluindo ações e vetos em âmbito jurídico; e c) incidência negativa em atos normativos e em normas infralegais para propiciar a disseminação do vírus.

No início, foi muito difícil acreditar que um governante pudesse ser capaz de aplicar uma política tão desumana à sua própria população. Mas, à medida que analisávamos o estudo realizado com maior rigor científico, fomos nos convencendo de que a tese era absolutamente plausível. O senador Rogério Carvalho foi um dos membros da comissão que denunciou a estratégia criminosa do governo, e o grupo de senadores que formou a maioria para garantir a governabilidade da CPI (conhecido como G-7) se identificou com a tese.

A CPI, posteriormente, pôde desvendar a existência de um gabinete paralelo, formado por pessoas alheias ao serviço público, que agiam como consultores para o governo federal, em contraponto às atitudes e ações dos técnicos dos governos municipais, estaduais e do próprio Ministério da Saúde. Dois ministros não resistiram à pressão do negacionismo do governo e desses conselheiros: Luiz Henrique Mandetta e Nelson Teich. Vários nomes apareceram como defensores da tese da imunidade coletiva, sem vacinação, como a dra. Nise Yamaguchi e o médico Anthony Wong, que morreu em decorrência da covid em um dos hospitais do grupo Prevent Senior.

Vários outros médicos, inacreditavelmente, aderiram a essa tese da imunidade de rebanho e passaram a defender a prevenção e o tratamento da doença por meio do denominado kit covid, formado por medicamentos comprovadamente ineficazes contra o vírus, dando às pessoas uma falsa segurança de que a vida poderia seguir com tranquilidade, sem o necessário isolamento. Um grupo de profissionais, organizados na Associação Médicos pela Vida, terminou por assumir um estranho protagonismo nessa questão, chegando a publicar, em vários jornais de circulação nacional, a defesa da autonomia do médico em prescrever o kit. A CPI acabou desvendando que esses anúncios haviam sido pagos por uma companhia farmacêutica que produzia um desses medicamentos, em um claro conflito de interesses. O enredo era tenebroso: não parar a economia, vender milhões desses remédios e não gastar com vacinas.

Essa tese, defendida por vários protagonistas do negacionismo, entre eles o ex-ministro de Bolsonaro Osmar Terra, na realidade tinha produzido no Brasil uma verdadeira carnificina. Para completar, havia uma deliberação do governo federal contrária à iniciativa do governo paulista de produzir vacinas em parceria com a China, uma das saídas mais baratas e eficientes para a superação da pandemia e o retorno seguro às atividades econômicas. Bolsonaro priorizava, assim, suas ambições e seus mesquinhos interesses políticos, expressos na disputa com o governador João Doria, em prejuízo das urgentes questões de saúde pública e da salvação de milhares de vidas. Era a má política aliando-se ao vírus.

No dia anterior àquela previsão irresponsável do presidente da República, a boa política produziu um importante fato que demonstrou ser possível uma ampla frente antibolsonaro, ainda que conjuntural. Uma articulação encabeçada pelos ex-ministros da Saúde Alexandre Padilha, Arthur Chioro e José Gomes Temporão produziu o manifesto "Vacina para todos já!", que cobrava do governo federal urgência na compra de imunizantes e uma campanha de vacinação subsequente que fosse universal, pública e gratuita. Publicado no jornal *Folha de S.Paulo* e replicado por outros periódicos e pelas redes sociais, o manifesto foi assinado por onze ex-titulares da área — dois deles ex-integrantes do governo Bolsonaro, Luiz Henrique Mandetta e Nelson Teich. Completaram a lista Chioro, Padilha, Temporão, José Serra, Barjas Negri, Saraiva Felipe, Agenor Álvares, Marcelo Castro, além de um dos autores deste livro. O titular da Saúde do governo Temer, Ricardo Barros, então líder do governo, não assinou e, mais tarde, viria a ser um dos investigados pela CPI da Covid.

A expertise do SUS em campanhas nacionais de vacinação estava à mão; o que havia era pura e simples sabotagem. O próprio ministro da Saúde, general Eduardo Pazuello, deu mostras evidentes desse boicote quando veio a público no mesmo período indagar: "Para quê essa ansiedade, essa angústia [em relação às vacinas]?". Os milhares de mortos não estavam entre as motivações do intendente.

Ao manifesto por vacinas seguiram-se outros atos reunindo ex-ministros, personalidades e intelectuais de várias áreas, como educação, meio ambiente, justiça, cultura, relações exteriores, ciência e tecnologia e economia de diferentes governos. De Itamar Franco, passando por Fernando Henrique Cardoso, Lula da Silva, Dilma Rousseff, chegando até mesmo a ex--auxiliares de Michel Temer e Bolsonaro. Pessoas das mais diferentes matrizes ideológicas uniram-se para denunciar crimes, abusos e omissões do governo na implementação das mais diversas políticas de Estado.

Respondendo a uma ação do partido Rede Sustentabilidade, o Supremo Tribunal Federal determinou que o governo apresentasse um plano nacional de vacinação. No dia 11 de dezembro, o governo, forçado pelo STF, apresentou o Plano Nacional de Operacionalização da Vacinação contra a Covid-19, em que listava dois laboratórios dos quais teria reservado cerca de 300 milhões de doses de vacina. Eram eles a Pfizer/ BioNTech e o consórcio Fiocruz/ AstraZeneca, além das doses reservadas pela iniciativa Covax da OMS — não se tratava da Covaxin, vacina de origem indiana cuja negociação, a CPI revelaria depois, estava eivada de vícios e corrupção. Até hoje não contamos com nenhum avanço quanto à vacina que mais despendeu esforços do governo.

O plano, além de conter inúmeras imperfeições e fragilidades, gerou grande polêmica ao incluir, como autores, pesquisadores que não tiveram conhecimento prévio do texto encaminhado ao STF e tampouco concordaram com seu conteúdo final.

O pedido de CPI foi assunto de algumas reuniões entre os senadores da bancada do PT. Havia um sentimento geral de que era preciso agir mais unificadamente com outras forças políticas, sem, no entanto, abrir mão de iniciativas próprias da bancada como as que havíamos impetrado na Justiça ao longo da pandemia, cobrando do governo transparência e responsabilidade.

Para ilustrar as renitentes sabotagens do governo e do presidente diante da tragédia, dois fatos desse mesmo período são destacáveis: no dia 11 de agosto de 2020, durante a cerimônia de abertura dos cursos de formação da Polícia Federal, o presidente retirou a máscara que usava, alegando que "todos vão pegar covid um dia" — era a tese mortal da imunidade de rebanho proferida de forma cristalina.

No dia 20 seguinte, a Articulação dos Povos Indígenas do Brasil denunciou que a organização internacional Médicos Sem Fronteiras, que atua em centenas de países, sobretudo em momentos de crises sanitárias e guerras, fora proibida pelo Ministério da Saúde de entrar em aldeias indígenas a fim de prestar atendimento médico. A decisão foi expedida pela Secretaria Especial de Saúde Indígena do ministério, presidida por um militar da reserva. Que a finalidade dessa política era exterminar os povos indígenas, para nós já estava bastante claro.

Quanto à CPI, não tínhamos uma posição unânime na bancada do PT sobre o que fazer. Senadores como Paulo Paim (RS), que tem por princípio assinar todos os pedidos de CPI que lhe apresentam, inclusive nos nossos governos, e Jean Paul Prates (RN), já convencidos de que a comissão era viável e necessária, apressaram-se em subscrever o pedido.

Os demais ainda tinham dúvidas: teríamos condições de obter o número mínimo de assinaturas em um Senado fortemente bolsonarista? Quais os efeitos políticos de um insucesso nessa tarefa? Conseguiríamos obter uma presença oposicionista importante na CPI que pudesse produzir resultados consistentes? O governo Bolsonaro não conseguiria inverter o jogo e usar uma eventual maioria na comissão para perseguir governos estaduais e prefeituras que tivessem adotado condutas opostas às dele no enfrentamento da pandemia? Isso já não estava acontecendo na prática com as operações da Polícia Federal contra prefeitos e governadores de oposição?

Foram questões que tivemos que enfrentar no debate interno. Éramos todos parlamentares experientes na atuação política no Congresso Nacional, já tendo participado de CPIs como oposicionistas e como integrantes do governo, e nunca esquecemos as sábias palavras de Ulysses Guimarães: "CPI a gente sabe como começa, mas não sabe como termina".

Contudo, mesmo diante dessas dúvidas, a bancada do PT decidiu assinar em bloco o pedido de CPI, inclusive com a participação da senadora Zenaide Maia, do Pros-RN, que sempre atuou em bloco conosco no Senado. A única exceção ficou por conta do senador Jaques Wagner (BA).

Parlamentar experiente, ex-ministro de várias pastas de governo, ex-governador de seu estado por duas vezes, Wagner sempre teve posição crítica em relação a Comissões Parlamentares de Inquérito por considerá-las muito mais espaços de disputa política do que fonte de resultados concretos. Entendemos sua posição e a respeitamos integralmente naquele momento. Mas a CPI da Covid cumpriu um papel tão importante e inesperado que o próprio Wagner se renderia a essa relevância: foi um dos primeiros a assinar o seu pedido de prorrogação três meses depois.

Além das dúvidas que resolvemos enfrentar, sabíamos do desacordo por parte do presidente do Senado, Rodrigo Pacheco (PSD-MG), com a ideia da instalação de uma CPI naquele momento, e estávamos cientes de que, pelo seu poder como presidente da Casa, poderia criar muitos percalços no nosso caminho para a conquista desse objetivo. Como veremos adiante, foi o que aconteceu.

Sentindo o crescimento do apelo social por uma CPI da Covid e o aumento do número de signatários do requerimento pela sua instalação, parlamentares da base do governo no Senado iniciaram um movimento para mudar ou ampliar o objeto das investigações da futura comissão, focado nas ações e omissões do governo federal no enfrentamento da pandemia. Eles procuravam desviar a apuração para supostas ações de corrupção de governos estaduais e prefeituras com recursos transferidos pela União para o enfrentamento da pandemia em estados e municípios.

A perseguição do governo Bolsonaro a governadores e prefeitos de oposição nunca cessou. Um de seus alvos principais era o Consórcio Nordeste, formado pelos estados da região, todos dirigidos por políticos predominantemente de oposição. O aparato repressivo do governo federal investiu contra o consórcio, alegando atos de corrupção na compra de equipamentos hospitalares com recursos federais.

Esses atos, investigados pelas autoridades dos estados, não se confirmaram e encontram-se no âmbito do Poder Judiciário, e as compras questionadas não utilizaram recursos federais transferidos voluntariamente pela União. No entanto, essas acusações, mesmo sem esclarecimento pleno, foram utilizadas como instrumento de intimidação pública e de ataques políticos. A verdadeira obsessão do senador Eduardo Girão (Podemos-CE) pelo tema do Consórcio Nordeste seria uma das principais marcas da estratégia governista na CPI.

Quanto aos temores que tínhamos de que o governo pudesse ter ampla maioria na CPI, as circunstâncias políticas determinaram um outro cenário, e sobre elas comentaremos adiante.

Ao mesmo tempo em que se dava a busca pelo número mínimo de assinaturas de senadores exigido pela Constituição para que fosse criada uma CPI (um terço dos membros da Casa), havia a movimentação do governo para impedir que ela se formasse.

De um lado, o governo procurava se sustentar no apoio de sua base mais fiel para impedir uma adesão maior à ideia de uma CPI. Para isso, valia tudo. Cargos no governo, emendas, benesses. Do outro, havia a confiança na condução do presidente do Senado,

Rodrigo Pacheco, do PSD, que, na expectativa de Bolsonaro, impediria a realização da CPI.

Nos bastidores do Senado, comentava-se que o ex-presidente da Casa Davi Alcolumbre, padrinho da candidatura de Pacheco à sua sucessão, teria garantido ao presidente da República que seu aliado não só não lhe criaria problemas como impediria constrangimentos maiores ao governo, entre eles a criação de uma CPI para investigar a postura do governo em relação à pandemia.

Ouvia-se nos corredores do Senado que a comissão "não daria em nada", que Davi e Pacheco "matariam no peito". E que, se fosse instalada, haveria uma operação pesada dos apoiadores do governo para que fosse inviabilizada — "se coletar não instala, se instalar não funciona" era o que ouvíamos enquanto computávamos o número de rubricas.

Não se sabe da completude desse acordo, mas se sabe que Bolsonaro apoiou a eleição de Pacheco, assim como muitos de nós. Sabe-se também que o presidente do Senado sempre relutou em instalar a CPI, ainda que o pedido para a sua criação tivesse cumprido todos os ritos constitucionais.

Sua principal alegação era a inviabilidade de fazer funcionar remotamente uma CPI em plena pandemia. Falava-se em instalá-la depois do arrefecimento da covid-19. Mas ela perderia força e não conseguiria exercer pressão para que o governo fizesse uma forte inflexão na sua postura de enfrentamento da pandemia, em especial no descaso quanto à aquisição de vacinas.

Temos hoje absoluta convicção de que o governo subestimou o apelo social, com forte influência sobre a posição dos parlamentares, da criação da CPI da Covid. Talvez tenha depositado expectativas exageradas no suposto acordo com Alcolumbre.

Na saga pela viabilização da CPI, as assinaturas do bloco de oposição à esquerda já estavam garantidas. Mas o pedido só ganharia robustez se fosse endossado por parlamentares independentes ou pontualmente alinhados ao governo, como Eduardo Braga, do MDB do Amazonas, ex-líder do governo Dilma Rousseff no Senado, mas que mantinha boas relações com o governo Bolsonaro; ou Simone Tebet, do MDB do Mato Grosso do Sul, ou até mesmo Otto Alencar, do PSD da Bahia, cuja posição sempre foi predominantemente de oposição, embora, em alguns temas econômicos esporádicos, concordasse com algumas ideias do governo. Eles foram chegando aos poucos, trazidos em grande parte por Renan Calheiros.

Diz uma antiga anedota muito presente nas rodas políticas que, se um político perspicaz e resiliente como Renan pular do oitavo andar de um prédio sem nenhum tipo de paraquedas, podemos pular em seguida sem medo, pois alguma coisa boa encontraremos ao final da queda. Para uns é um modo de ressaltar seu faro político; para outros, uma maneira de salientar seu senso de oportunidade. Renan é um sobrevivente da política e, mesmo tendo atravessado períodos muito turbulentos nos seus anos de vida pública, tem conseguido se reerguer como uma verdadeira fênix. A CPI foi um desses momentos.

Em vários episódios da nossa história política, por razões diferentes, nós ou nossos partidos estivemos em lados opostos ao de Renan. Em outros, nos somamos para a defesa de pontos comuns, na maioria das vezes relacionados à independência do Congresso Nacional e à defesa das instituições e da democracia.

É preciso reconhecer que o peso do seu protagonismo político o transformou no alvo predileto de seus adversários, da grande mídia e de instituições de controle público. Em um de seus mandatos como presidente do Senado, viu-se obrigado a renunciar diante da repercussão de denúncias que lhe foram imputadas, mas conseguiu não apenas reeleger-se seguidamente como voltar a presidir o Congresso Nacional.

Em outro desses mandatos de presidente do Senado, no ano de 2016, coube a ele dirigir a derradeira parte do processo de impeachment da ex-presidenta Dilma Rousseff.

Em 31 agosto de 2016, apresentamos a proposta de Randolfe de que a presidenta pudesse manter seus direitos políticos, mesmo derrotada no processo de impeachment. Humberto e o PT endossaram a ideia, Renan não apresentou resistência e passou a trabalhar discretamente pela proposição. Entendemos que essa era uma decisão interna do Senado amparada pela lei 1079, de 1950, que previa o tal "fatiamento". Ao final, o então presidente do Supremo Tribunal Federal, ministro Ricardo Lewandowski, aceitou o destaque da inabilitação, que foi votado em separado e aprovado, preservando os direitos políticos de Dilma. A aproximação com Renan Calheiros aconteceu sem sobressaltos, e o compromisso dele foi importante para que a proposição se sustentasse.

Passado esse período, Renan conseguiu fazer Eunício Oliveira, do MDB do Ceará, seu sucessor na presidência do Senado. Já era o tempo da Operação Lava Jato, e Renan viria a ser um dos alvos prediletos dela, especialmente do então procurador-geral da República, Rodrigo Janot, que abriu vários processos contra ele e outros integrantes do MDB, muitos dos quais viriam a ser arquivados pelo Supremo Tribunal Federal (STF) mais tarde.

A eleição para a presidência do Senado deixou

marcas importantes para Renan. A Casa havia passado por um processo de mudança muito grande na correlação de forças políticas nas eleições de 2018. Poucos senadores conseguiram a reeleição. Boa parte dos eleitos veio na onda bolsonarista ou no bojo da antipolítica, alimentada pela mídia e pelas ações da Lava Jato, especialmente do ex-juiz Sergio Moro.

Várias medidas judiciais foram tomadas para impedir que Renan fosse candidato. Até membros do Ministério Público na Lava Jato se manifestaram contra o alagoano, que, por seu lado, também recorreu à Justiça para fazer valerem seus interesses. A mídia mais uma vez alimentava a onda contra Renan, e as redes sociais, predominantemente controladas pelos bolsonaristas, moviam uma ação inesgotável para impedir a eleição do emedebista.

O PT apoiou a candidatura do senador alagoano por entender que era um nome capaz de defender a independência do Poder Legislativo diante do autoritarismo de Jair Bolsonaro. Já a Rede declarou apoio a Alcolumbre, que se sagrou vitorioso em meio a uma eleição turbulenta. Renan abandonou a disputa antes mesmo da contabilização do último voto, deixando atordoados os senadores que o haviam apoiado.

Aquele que, nos últimos anos, havia contado com o apoio da grande maioria dos parlamentares da Casa acabara de sofrer uma derrota com a qual não contava e da qual demoraria a se recuperar. Após o insucesso eleitoral interno, Renan se recolheu por um bom período. Aos poucos foi retornando à cena política, procurando se situar no debate nacional.

Oito meses depois de perder a eleição para Alcolumbre, Renan elogiou em público o adversário no plenário do Senado por ter assumido um papel fundamental na rejeição pelo Congresso Nacional de dezoito vetos da Presidência da República apostos à Lei de Abuso de Autoridade, de autoria do alagoano. Depois da guerra, os acenos de paz.

Os tempos não foram fáceis para Renan após a eleição perdida. Segundo informações de bastidores, ele tentou ser líder do MDB no Senado, mas não reuniu apoio da bancada. Almejou ocupar a presidência da principal comissão permanente do Senado, a de Constituição e Justiça, mas também não obteve sucesso. A volta por cima de Renan viria com o pedido de instalação da CPI. Estávamos próximos de obter as 27 assinaturas necessárias à criação da comissão.

Renan não hesitou um segundo quando o procuramos para pedir sua assinatura: "Essa CPI tem que sair. Entre outras coisas, porque ela é o caminho para o parlamento retomar a posição de quem investiga o Executivo e que, com a Lava Jato, se perdeu para o Ministério Público e a magistratura". Sua reação deixava claro que ele imaginava vir a ter um papel relevante no processo da CPI.

Ciente de que estávamos próximos da obtenção do número mínimo de assinaturas necessário, Renan usou da sua experiência: "Precisamos de uma margem de segurança maior. Temos que coletar mais cinco ou seis além do mínimo para termos um espaço de manobra, pois o governo certamente vai operar para retirar algumas". Não deu outra. Tivemos, por exemplo, o caso do senador de Roraima, Chico Rodrigues, que chegou a assinar o requerimento e retirou a assinatura quando estávamos prestes a instalá-la.

E assim Renan Calheiros entrou no jogo, telefonando para dezenas de senadores e fazendo uma espécie de prospecção, mantendo a conversa acesa, sentindo para onde cada vento soprava, até que nos avisava: "Pode procurar fulano, ele — ou ela — vai assinar".

Quando, no dia 3 de março, anunciamos que tínhamos 33 assinaturas, seis a mais do que o mínimo necessário para a criação da CPI, houve uma injeção de ânimo, mas sempre com um travo: naquele dia, o número de mortes alcançou quase 260 mil. Daí até o dia da leitura do requerimento pelo presidente do Senado, em 13 de abril, foram outros 100 mil mortos.

O tempo se contava também pelo relatório diário de mortes e casos confirmados.

Até se chegar à instalação definitiva da comissão por ordem judicial, muitos fatos políticos e jurídicos impulsionaram nossa causa. Vários percalços também tiveram que ser superados. Mas, em alguns casos, o que poderia servir para esvaziar a proposta e o trabalho da CPI terminou cumprindo um papel no enfrentamento da pandemia.

Um exemplo foi a criação de uma comissão temporária interna para o acompanhamento da crise da covid-19 no Senado. Proposta pelo senador Eduardo Braga (MDB-AM) em 4 de fevereiro, foi instalada no mesmo dia em que alcançamos o número de rubricas e tinha como justificativa acompanhar o desenrolar da pandemia e as ações do governo no seu enfrentamento, bem como debater propostas e sugestões para superar a emergência sanitária.

Não tinha poder de investigação como uma CPI e teria funcionamento remoto, reforçando o argumento da presidência do Senado quanto à inviabilidade do funcionamento da comissão de inquérito. Para nós soava claramente como uma manobra diversionista em relação à CPI, uma tentativa de esvaziar as futuras investigações e fazer tabela institucional com o governo federal.

A comissão foi oficializada e, diferentemente do

que esperava o governo, terminou por cumprir um papel. Promoveu debates sobre a condução da pandemia, ouviu a comunidade acadêmica (ainda que também tenha dado ouvidos a pseudocientistas negacionistas), pressionou a Anvisa para a aprovação mais célere de vacinas, entre outras coisas. Acabou causando alguma dor de cabeça ao governo, mas muito longe do que a CPI viria a dar.

O lance político mais relevante naquele momento foi, sem dúvida, a inesperada ação impetrada no dia 11 de março de 2021 junto ao Supremo Tribunal Federal pelos senadores Alessandro Vieira e Jorge Kajuru, pedindo à Suprema Corte que determinasse ao presidente do Senado Federal a imediata instalação da Comissão Parlamentar de Inquérito para investigar as ações e omissões do governo federal no enfrentamento da pandemia da covid-19.

O pedido deixava claro que se tratava de um direito das minorias, que todos os requisitos constitucionais para sua criação haviam sido cumpridos, e citava a jurisprudência já existente para casos semelhantes no passado. Consideramos inesperada porque, apesar de ter sido cogitada pelo grupo que estava mais à frente na articulação pela instalação da CPI, não era ainda uma decisão tomada.

Alessandro e Kajuru terminaram por assumir a decisão mais importante para a viabilização da CPI. A demanda, por sorteio, seria analisada liminarmente pelo ministro Luís Roberto Barroso, mas a resposta ao pedido dos senadores ainda demoraria mais de três semanas.

Kajuru, internado à época por complicações do diabetes, subscreveu a ação do leito hospitalar. Alessandro Vieira também estava hospitalizado em decorrência da covid. Em verdade, o mentor da petição foi o ex-deputado federal Roberto Freire, presidente do Cidadania, partido ao qual também pertenciam Kajuru e Alessandro Vieira. Os dois foram autores de medidas que mudariam definitivamente o quadro político nacional. Mas disso nem suspeitávamos, muito menos eles.

A peça foi apresentada ao Supremo em tintas fortes. Qualificava como "ato omissivo inconstitucional" a recusa da presidência do Senado em instalar a comissão e mencionava diretamente "a ausência de oxigênio para os pacientes internados" em Manaus como um dos motivos pelos quais não se poderia mais postergar a investigação.

O pedido se ancorou em farta jurisprudência da corte superior, que, desde 2004, vinha determinando a instalação de CPIs no Congresso Nacional, sempre que cumpridos os requisitos constitucionais do pedido de investigação. O mandado de segurança expunha os dois meses de espera pela leitura do requerimento, configurando-se assim uma "manifesta ilegalidade e abuso de poder, que podem ser corrigidos por via judicial".

O ministro Luís Roberto Barroso, por suas posições mais liberais em relação à pauta de costumes, sempre despertou os piores instintos de Jair Bolsonaro. Também o contrariou bastante com várias decisões que tomou a respeito da condução da pandemia. O presidente, dominado por um ódio irracional contra o ministro, chegou ao cúmulo de acusá-lo de ser favorável à pedofilia, absurdo que parece nunca ter chegado aos ouvidos do procurador-geral da República, Augusto Aras, que, de resto, também era surdo a outros abusos de Bolsonaro.

3. RETRATOS DO DESGOVERNO

O presidente continuava em sua cruzada insana em favor da proliferação descontrolada do vírus. Chegou a mover uma ação no STF solicitando a suspensão de medidas preventivas propostas pelos governadores da Bahia, do Rio Grande do Sul e do Distrito Federal.

No Ceará, estado governado pelo oposicionista Camilo Santana, do PT, Bolsonaro provocou aglomerações e ameaçou os gestores que determinassem a suspensão do funcionamento do comércio e outras atividades econômicas de terem que arcar com o pagamento do auxílio emergencial. Pura bravata, mas parte de uma perversa disputa política.

As cenas e as palavras grotescas do presidente fisgaram um nervo do senador cearense Tasso Jereissati. A forte declaração de Tasso, uma voz sempre muito respeitada no Senado, dada em entrevista ao Estadão, de que "É preciso parar esse cara [Bolsonaro]"*, foi

---

* Daniel Weterman, "'É preciso parar esse cara', diz Tasso Jereissati ao defender CPI da Covid, *O Estado de S. Paulo*, Política,

recebida com algum espanto e funcionou como uma injeção de ânimo para muitos senadores que ainda estavam mergulhados na apatia diante da tragédia.

O psdb, seu partido, se não apoiava abertamente o governo de Jair Bolsonaro, mantinha-se alinhado à pauta ultraliberal que agravava ainda mais a já precária situação do trabalhador brasileiro com as reformas propostas pelo ministro da Economia Paulo Guedes.

Do nosso lado, uma luz de alerta se acendeu: o assunto tinha tomado corpo em uma parte importante do Senado, cujo apoio seria importante para convencer mais parlamentares quanto à necessidade da cpi.

Enquanto isso, na Casa ao lado, a Câmara dos Deputados, o presidente Arthur Lira, do pp de Alagoas, desafeto do senador Renan Calheiros e aliado do governo Bolsonaro, contribuía com a disseminação do coronavírus ao respaldar a ida a Brasília de uma imensa caravana de prefeitos que já procuravam se aninhar naquilo que viria a ser conhecido como "orçamento secreto", inspiração maior do deputado alagoano. Lira chegou a dar uma festa para trezentas pessoas para comemorar sua eleição à presidência da Câmara. Depois disso, os casos de covid no Congresso explodiram

---

1º mar. 2021. Disponível em: <https://opiniao.estadao.com.br/noticias/notas-e-informacoes,e-preciso-parar-esse-cara,70003632533>. Acesso em: 25 jul. 2022.

em tal magnitude que os funcionários apelidaram a Câmara de "covidário". Lira seria cúmplice e parceiro do governo em inúmeras omissões até hoje.

No mesmo dia da declaração de Jereissati, Pacheco afirmou que era "um direito dos senadores" requerer a CPI e que, em algum momento, avaliaria a sua pertinência.

Para tentar superar as resistências do presidente, chegamos a propor que a CPI funcionasse em esquema semipresencial, ao modo do plenário. Não houve concordância. Propusemos então um modelo híbrido, em que os depoimentos de testemunhas fossem feitos presencialmente a membros da comissão também presentes e outros tipos de audiências pudessem acontecer remotamente. A resposta permaneceu vaga e inconclusiva.

Enquanto isso, a ação que tramitava no Supremo era objeto de permanente discussão entre nós. Apesar de suas posições firmes contra o negacionismo ao julgar temas relativos à pandemia, apenas nossos desejos e esperanças indicavam que a decisão do ministro Barroso poderia favorecer a instalação da CPI.

Em paralelo, outros sinais passaram a nos indicar que a direção do vento poderia estar mudando a nosso favor. Um deles veio pela TV, em uma madrugada da primeira semana de abril. A contundência de Renata Lo Prete, no *Jornal da Globo*, defendendo a pertinência de uma CPI como a que havia sido requerida no Senado, era um indício de que a opinião pública estava do nosso lado. O teor de sua fala estava alguns tons acima da forma como o assunto tinha sido abordado desde janeiro na grande mídia.

O interesse da grande imprensa e das redes sociais pelo assunto aumentou sensivelmente, com especulações sobre a sua futura composição, eventuais maiorias, possíveis presidente e relator e até mesmo o título da comissão de investigação — um jornalista do portal O Antagonista especulou sobre o sugestivo nome de "CPI do Genocídio". Algo se movia para além dos nossos olhos.

Desde o início da pandemia, outros importantes atores políticos se organizavam para enfrentar os enormes desafios que se impunham ao país — e que se agravavam pela inação ou, pior ainda, pela ação nociva do governo federal. Enquanto a pandemia ficava inteiramente fora de controle pela incompetência e pelo negacionismo, que bem poderiam ser descritos como uma política do governo federal, a sociedade — desde a imprensa, passando pela comunidade acadêmica e chegando aos movimentos sociais — começou a entender a necessidade de iniciativas para além do governo, que buscassem superar a tragédia em curso, ou ao menos minimizá-la, a partir de uma forte pressão sobre as instituições do Estado.

Ainda em 2020, no primeiro semestre, várias organizações da sociedade, preocupadas com os deslizes do governo no enfrentamento da pandemia, iniciaram um amplo movimento que ficou conhecido como Frente pela Vida. Em maio, o projeto foi lançado oficialmente reunindo entidades relevantes, como a Sociedade Brasileira para o Progresso da Ciência (SBPC), a Associação Brasileira de Saúde Coletiva (Abrasco), a Conferência Nacional dos Bispos do Brasil (CNBB), o Conselho Nacional de Saúde (CNS), a Associação Nacional dos Dirigentes das Instituições Federais de Ensino Superior (Andifes), a Associação Brasileira de Imprensa (ABI), o Centro Brasileiro de Estudos de Saúde (Cebes), a Sociedade Brasileira de Bioética (SBB) e a Rede Unida, entre outras. A frente política antibolsonaro se fortalece no âmbito da sociedade civil.

Em julho, diante da inexistência de um processo organizado pelo governo para fazer face ao coronavírus, um grupo de entidades da área da saúde vinculadas à Frente pela Vida produziu o Plano Nacional de Enfrentamento à Pandemia da Covid-19, contendo críticas, sugestões e medidas encaminhadas às autoridades dos três níveis de governo para a superação da tragédia sanitária.

Durante meses, a Frente cumpriu o importante papel de denunciar o descalabro governamental com a covid, mobilizar a sociedade civil na luta por medidas de prevenção, testes, insumos diversos, leitos hospitalares e vacinas. Ao mesmo tempo, cobrava dos poderes Judiciário e Legislativo a investigação e a responsabilização daqueles que, por omissão ou por ações, permitiram que se instalasse aquela situação caótica. O grupo engajou-se fortemente, no início de 2021, na luta pela instalação da CPI da Covid, que obteria em pouco tempo as assinaturas necessárias à sua implementação.

Em março, os senadores do PT se reuniram com representantes da mesa diretora do Conselho Nacional de Saúde (CNS) — órgão que tem um importante papel de fiscalização e controle social sobre o Sistema Único de Saúde e que capitaneava esse movimento — para pedir o apoio da sociedade organizada na mobilização para instalar a CPI da Covid. E assim aconteceu. Várias instituições organizaram uma campanha denominada "CPI da Pandemia Já" com o objetivo de pressionar os parlamentares para que fosse realizada uma ampla investigação sobre as ações e omissões do governo Bolsonaro no enfrentamento da covid-19. Qualquer pessoa podia participar enviando e-mails e mensagens aos deputados e senadores, além de compartilhar conteúdos sobre o tema nas redes sociais.

Em abril, o movimento intensificou sua mobilização pregando a "União para Salvar Vidas" e, no dia 6, organizou um expressivo evento dirigido ao Congresso Nacional e ao Supremo Tribunal Federal. Na oportunidade, foi lançado um manifesto com vários pontos e uma forte conclamação: "A Justiça e o Parlamento precisam agir agora! Diante da maior calamidade sanitária de nossa história, a Frente pela Vida apela aos ministros do Supremo Tribunal Federal e aos membros do Congresso Nacional para que ajam, com a urgência que a situação requer, para unir a Nação e salvar vidas!".

Nesse mesmo mês, a Frente pela Vida e o CNS reuniram-se com o presidente do Supremo Tribunal Federal, ministro Luiz Fux, demandando da Suprema Corte que, ao ser questionada por membros do Congresso Nacional ou pela sociedade civil, respondesse de pronto a esses eventuais apelos pela instalação da CPI.

Logo em seguida, conseguimos um encontro da Frente com o presidente do Congresso Nacional e do Senado Federal, senador Rodrigo Pacheco, em que as entidades fizeram um dramático apelo para a adoção urgente de medidas de enfrentamento da pandemia pelo parlamento, entre elas a imediata instalação da CPI.

Ainda no mesmo período, o jornal *Folha de S.Paulo* publicou um importante artigo de autoria de renomados professores da USP intitulado: "Propagação da covid-19 no Brasil foi intencional". Nele, os autores e autoras provavam cientificamente que o governo havia adotado a estratégia de buscar a denominada imunidade de rebanho como plano de enfrentamento da pandemia. A repercussão do estudo junto à comunidade científica foi enorme e influenciou decisivamente na formação ou na mudança de opinião de vários senadores quanto à condução governamental no combate à pandemia.

O cerco ao governo se fechava.

E veio o 8 de abril de 2021, dia em que se bateu um triste recorde: em 24 horas, mais de 4200 brasileiros perderam a vida por causa da pandemia. Era comecinho de noite quando a notícia correu: o ministro Luís Roberto Barroso tinha concedido liminarmente o pedido de instalação imediata da CPI da Covid-19, seguindo o ordenamento constitucional.

Em sua decisão liminar, Barroso reforçava as condições constitucionais necessárias para a instalação de uma CPI: a) o requerimento de um terço dos membros das casas legislativas, b) a indicação de fato determinado a ser apurado e c) a definição de prazo certo para a sua duração. Alegava também que a CPI não podia "ser obstada pela vontade da maioria".

A decisão não saíra sem a oposição expressa do próprio Senado, que, em resposta à provocação da corte dias antes da decisão liminar, alegou por intermédio de sua advocacia que a decisão de abrir ou não a CPI era da estrita competência da presidência da Casa, que a CPI não contribuiria em nada no combate à pandemia e que não havia "compatibilidade técnica" para o funcionamento de uma comissão parlamentar remota.

Os queixumes contra a instalação da CPI chancelada pelo STF começaram no mesmo dia. O senador cearense Eduardo Girão, do Podemos, classificou a decisão como "uma afronta" e disse que o "freio" para o STF seria uma discussão no Senado sobre o impeachment de alguns de seus membros. A respeito da mortandade de brasileiros, nada.

O senador pernambucano Fernando Bezerra, então líder do governo, chamou de "inoportuna" a medida liminar. A base bolsonarista entrou em polvorosa e vociferou em uníssono contra o que chamou de "quebra da autonomia e independência entre os poderes". Até mesmo alguns senadores independentes, como Omar Aziz, futuro presidente da CPI, embora apoiassem a investigação, questionaram a "interferência" do STF.

Renan Calheiros tratou de prestar apoio à decisão, seguido pelo senador paranaense Alvaro Dias, do Podemos, e por dezenas de outros senadores que defendiam a CPI, entre os quais nós, os autores deste livro. Defendemos a posição da Suprema Corte, apontamos os antecedentes de decisões semelhantes do STF durante os governos do PT e cobramos que a comissão fosse instalada imediatamente.

Ao determinar liminarmente a instalação da CPI, o ministro autorizava o envio da querela à discussão no plenário. A maré tinha virado. A imprensa se voltou inteiramente para o assunto, que ganhou as ruas aos poucos e as redes sociais de imediato.

As redes sociais romperam o domínio bolsonarista da máquina de trolls e de narrativas falseadas, trazendo o assunto à baila com vídeos, relatos, áudios de centenas de casos de falta de assistência básica às pessoas com covid, enquanto o governo federal ora deliberadamente se eximia de suas responsabilidades, ora atuava contra as medidas preventivas.

Um levantamento do jornal *O Estado de S. Paulo*, realizado em agosto de 2021, mostrou como, a partir da decisão do STF a favor da CPI, a pregação bolsonarista em defesa do "tratamento precoce" e do "kit covid" — a criminosa indicação de remédios comprovadamente sem eficácia contra a doença — foi perdendo espaço até ser coberta por outros dois assuntos: CPI e vacinação. Tínhamos saído das cordas.

Hoje, quando pensamos no dia da decisão do Supremo, nos vem mais uma sensação de alívio do que de euforia. À época, estávamos acabrunhados e impotentes diante do que acontecia no país. A notícia vinda da Suprema Corte era animadora, mas, até a sua plena materialização, ainda teríamos pela frente um grande temporal a atravessar.

A decisão do Supremo abalou a certeza do governo de que não seria investigado pelos seus atos e omissões cometidos durante a pandemia. Jair Bolsonaro havia declarado guerra ao tribunal desde o começo da emergência sanitária, quando mentirosamente alegou que o STF havia retirado seus poderes de agir no combate à doença.

Em verdade, a corte reconheceu a estados e municípios o direito de adotar medidas preventivas contra a covid, entre elas a restrição da circulação de pessoas e do funcionamento de atividades econômicas, o que já era uma garantia da própria Constituição. A inexistência de qualquer plano nacional do governo federal para enfrentar a doença mais do que justificava a decisão judicial.

Nos jornais, as especulações políticas tratavam da possibilidade de formação de uma frente ampla contra o bolsonarismo envolvendo partidos, movimentos sociais e sociedade civil que, por falta de unidade política, não havia se concretizado. A CPI, começávamos a ver, era um esboço real dessa frente, reunindo desde a esquerda, passando pelo centro liberal e chegando até a centro-direita no Senado.

A CPI estava começando a virar um assunto das ruas e das redes sociais. Para se ter uma ideia dessa dimensão, o volume de buscas pelo assunto "CPI da covid" no Google em abril de 2021 foi trinta vezes maior do que no mês anterior. Cresceu enormemente o interesse dos jornalistas pelo tema e também cresceram os temores do Palácio do Planalto. Um sinal desse receio nos deixou bastante surpresos.

A noite já tinha caído em Brasília, era começo da última semana de abril de 2021, quando o ex-presidente José Sarney recebeu um telefonema de Jair Bolsonaro. O presidente perguntou de súbito se os dois poderiam ter uma conversa reservada; Sarney assentiu e disse que estava à disposição, que poderiam marcar dia e hora. Qual não foi o seu espanto quando Bolsonaro respondeu: "Eu vou hoje, agora. Estou indo aí".

Menos de meia hora depois, o comboio de carros da Presidência chegou à casa do ex-presidente Sarney, à beira do lago Paranoá. Bolsonaro queria fazer uma sondagem junto ao experiente político do MDB, partido de maior bancada no Senado: seria possível conter o apoio da legenda à CPI na Casa? Sarney poderia ajudá-lo a construir uma ponte com os senadores da agremiação? Segundo informações de bastidores, o capitão-presidente teria relatado a Sarney sua insatisfação com o ex-presidente do Senado, Davi Alcolumbre — do mesmo Amapá por onde Sarney foi senador por 24 anos, de 1991 a 2015 —, que o teria "deixado na mão" depois de lhe prometer que "mataria essa no peito e agora sumiu no mato, fica fugindo de mim e eu não consigo falar".

O ex-presidente José Sarney mais ouviu do que falou, disse que estava à disposição para desobstruir os contatos do presidente junto ao partido, sem dar garantias de sucesso na empreitada — não prometeu mais do que poderia dar. Nessa investida solitária e improvisada, Bolsonaro se revelou um presidente sem articulação e sem anteparos no Senado. Era a busca por um pacto desesperado com a "velha política" que ele tanto dizia abominar.

Com esse gesto, Bolsonaro demonstrou que havia entendido, ainda que tarde, que o flanco do governo fora definitivamente aberto e procurou um cacique com influência reconhecida para tentar minimizar os danos. Ao mesmo tempo, deixou evidente que não tinha mais controle sobre a situação e que não dispunha de uma bancada preparada para assumir a defesa das ações realizadas pelo governo durante a pandemia.

Outro sinal de sua falta de controle sobre a situação evidenciou-se no áudio, divulgado pela rádio BandNews, de uma conversa telefônica entre o presidente e o senador Jorge Kajuru, um dos signatários do mandado de segurança ao STF demandando a instalação da CPI.

Na gravação da conversa entre os dois e, segundo Kajuru, divulgada sem que houvesse oposição do presidente, em meio a um amontoado de palavras incompatíveis com o decoro do cargo que ocupa, Bolsonaro revelava contrariedade por ter de encarar a investigação futura. Disse a Kajuru, sugerindo sua participação na CPI: "Se você não participa, daí a canalhada lá do Randolfe Rodrigues vai participar". Em seguida ameaçou: "Daí, vou ter que sair na porrada com um bosta desses".

A menção à possível agressão física trouxe à tona um episódio de 2013 que expusera os traços de caráter do então deputado federal Jair Bolsonaro. Como suporte à Comissão da Verdade, instalada pelo governo Dilma Rousseff para trazer à luz fatos relativos à violação dos direitos humanos durante a ditadura militar, a Comissão de Direitos Humanos do Senado criou uma subcomissão para ajudar nas investigações. Uma das atividades da subcomissão era visitar locais em que possivelmente haviam sido praticados torturas e/ou assassinatos contra oponentes da ditadura.

Um dos lugares a serem vistoriados era a antiga sede do DOI-Codi no Rio de Janeiro. No dia da visita, ainda cedo, lá estava o deputado Jair Bolsonaro, com o intuito claro de produzir tumulto e impedir a visita. O então senador João Capiberibe (PSB-AP) levantou a possibilidade de cancelar o evento, entendendo que o objetivo de Bolsonaro era criar um fato político e até mesmo produzir cenas de violência contra os senadores. Mas a subcomissão seguiu adiante.

Colérico, Bolsonaro tentava bloquear a entrada aos berros, dizendo que a visita era "coisa de vagabundo". Ao ser confrontado, armou um soco por baixo, que só não atingiu o estômago de um dos autores deste livro porque a esquiva foi mais rápida — e ele ainda tomou um empurrão, o que aumentou o tumulto. Um soco por baixo — exemplo perfeito da pusilanimidade do personagem que ascenderia ao mais alto posto da República.

4. O TABULEIRO DE XADREZ

Numa última tentativa de controlar a situação no Senado — a essa altura Davi Alcolumbre já não tinha como dar qualquer esperança a Bolsonaro de impedir a CPI —, o presidente chegou a procurar o senador Renan Calheiros. Não diretamente — o fez por intermédio do senador pernambucano Fernando Bezerra, então líder do governo no Senado, do mesmo MDB de Renan. Numa conversa com o colega alagoano, Bezerra o sondou sobre uma possível ligação telefônica do presidente. Renan consentiu, não colocou empecilho.

Bolsonaro, no entanto, fez um movimento que se revelou desastroso: ligou para Renan Filho, governador de Alagoas e filho mais velho de Calheiros. Errático na conversa, mais sondando do que disposto a falar, o presidente foi alertado pelo governador de que aquele não era o canal adequado para tratar de assuntos como a CPI da Covid. Se quisesse falar com o pai, que o fizesse diretamente, pois como governador aquilo lhe dizia respeito. O telefonema teve efeito inverso e soou como uma ameaça a todos os gestores estaduais — era ponto pacífico entre a tropa de choque do governo no Senado que qualquer CPI que fosse instalada deveria investigar também prefeitos e governadores, atribuição que, de acordo com a Constituição, não é da competência do Congresso Nacional. Contra Renan Calheiros, diretamente, ele agiria poucos dias depois.

Renan traçaria ali uma linha definitiva de separação entre o governo e ele. Ao revelar a ligação do presidente a um governador, coincidentemente seu filho, expôs a insegurança de Bolsonaro e o desespero da ameaça velada.

As ações do presidente para impedir a CPI ou minimizar seus danos mostravam que ele já se dera conta de que precisava de defesas. Porém, Bolsonaro era traído por sua natureza belicista, que transformava arroubos conciliatórios, como o movimento de construir uma ponte com Renan via Fernando Bezerra, em mais conflitos. Nesse caso, terminou em uma repreenda desmoralizante de um jovem governador a um presidente da República.

A decisão do ministro Barroso, determinando ao Senado a abertura dos trabalhos da comissão, incomodou o presidente da Casa, o mineiro Rodrigo Pacheco. Como dissemos, Pacheco alegava desde janeiro que o momento "não era oportuno", mas agregava também o argumento de que "a CPI iria se transformar em palanque político para 2022". Como se Bolsonaro não estivesse inteiramente mergulhado no campo da disputa política e com o olhar voltado à eleição. Quando sabotava as medidas de prevenção à covid, estava preocupado, única e exclusivamente, com as repercussões políticas sobre sua candidatura de um eventual agravamento da situação econômica.

É óbvio que todas as forças políticas também miravam 2022. No entanto, nossa função parlamentar por excelência era expor o que estava oculto na condução criminosa do governo no enfrentamento da pandemia, investigar os fatos e comprovar a responsabilidade, direta e indireta, do governo no seu trágico resultado. Esse era o sentimento da sociedade e o desejo de dezenas de senadores, muitos de vertentes quase opostas às nossas: lavajatistas, emedebistas históricos, tucanos, gente de todo o espectro político que constava da lista de assinaturas da CPI.

Do Palácio do Planalto, Bolsonaro disparou contra o STF, especificamente na pessoa do ministro Barroso, acusando-o de ser desprovido de "coragem moral". Escreveu em seu Twitter que o ministro se omitia "ao não determinar ao Senado a instalação de processos de impeachment contra ministros do Supremo", o assunto preferido da pauta dos fanáticos.

À época, noticiou-se também que mesmo alguns ministros do STF estariam incomodados com a decisão liminar de Barroso. Segundo os críticos, ela deveria ter sido levada à discussão no plenário, pois teria grande impacto ao interferir em outro poder da República. A questão foi sanada no dia 14 de abril, quando o plenário ratificou a decisão liminar do ministro Luís Barroso.

O Supremo, enfim, dava cabo ao protelamento que durava já três meses, período em que a escala da morte foi ampliada por mais 152 mil brasileiros levados pela covid-19.

Por um dever de justiça, cabe ressaltar que, após a decisão do STF, o presidente Rodrigo Pacheco rechaçou outras medidas protelatórias solicitadas pela base bolsonarista e garantiu as prerrogativas da comissão durante todo o seu funcionamento.

Depois de vários debates sobre o modelo de funcionamento da comissão, no dia 19 de abril foi assinado o ato da mesa do Senado que autorizou que a CPI iniciasse seus trabalhos de forma presencial, sequencialmente à eleição da mesa diretora dos trabalhos, que seria composta de presidência e vice-presidência.

No dia 27 ela foi instalada. A escolha do relator cabe ao presidente eleito, embora, na prática, sempre seja resultado de acordo entre os parlamentares que formam a maioria da comissão. Seus integrantes são designados pelos líderes de cada partido em número proporcional ao tamanho de cada bancada.

O habitual é que sua composição reflita a correlação de forças existentes entre governo e oposição. A CPI da Covid fugiu a essa regra por várias circunstâncias, e isso fez com que a oposição e os independentes tivessem a maioria entre seus dezoito integrantes (onze titulares e sete suplentes). Ali, ao nosso ver, se formaria o embrião da única frente ampla que, até então, havia sido possível construir contra Bolsonaro.

O PSD, liderado pelo senador Nelsinho Trad, possuía a segunda maior bancada do Senado e mantinha relações de proximidade com o governo. Tinha entre seus membros o senador oposicionista Otto Alencar, da Bahia, que, além de ser médico, tinha participado da luta pela criação da CPI. Não havia como o líder negar sua indicação. Por outro lado, o senador Omar Aziz, independente em relação ao governo, era originário do estado do Amazonas, onde ocorrera a maior tragédia de toda a pandemia. Teria que ser indicado como titular da comissão.

No MDB, as circunstâncias também conspiraram a favor da oposição. Renan Calheiros, além do importante papel que teve na busca por novas assinaturas para a CPI, tinha sido preterido em várias escolhas de sua bancada para a ocupação de espaços estratégicos no Senado depois de sua derrota na eleição à presidência da Casa em 2019, como já relatamos. Além disso, o partido sozinho teria direito a duas vagas de titulares. Como negar a Renan a prerrogativa de ocupar uma delas?

A outra vaga seria ocupada pelo líder do MDB, Eduardo Braga, também representante do Amazonas e aliado pontual do governo. O partido formava ainda um bloco parlamentar com o PSL e o Progressistas, a quem caberia uma vaga, para a qual foi indicado o senador governista Ciro Nogueira, do Piauí, que inicialmente liderava a tropa de choque bolsonarista da CPI e, no decorrer dos trabalhos do colegiado, foi alçado ao comando da Casa Civil do governo.

O PSDB, liderado pelo senador Izalci Lucas, com direito a uma vaga de titular, não tinha como não indicar o nome de Tasso Jereissati para representar o partido na CPI. Ele tivera um papel crucial na denúncia da trágica condução do governo no enfrentamento da pandemia.

Nós, os dois autores deste livro, completávamos o time dos oposicionistas titulares da comissão. Dependendo dos arranjos internos que fizéssemos entre os membros, poderíamos construir uma maioria de sete oposicionistas e independentes contra quatro governistas. Foi o que afinal prevaleceu e gerou o chamado G-7, que, se não tivéssemos habilidade em lidar com as eventuais divergências que surgiriam, poderia, aqui e ali, transformar-se em G-6, G-5 e até G-4, dependendo do tema que estivesse em votação. Felizmente, conseguimos administrar essas situações e, por meio de concessões mútuas, preservamos a unidade do grupo.

Compunham ainda o grupo de titulares os senadores governistas Eduardo Girão, do Podemos, Jorginho Mello, do PL, Marcos Rogério, do DEM, e Luis Carlos Heinze, do Progressistas, que assumiu a titularidade em substituição a Ciro Nogueira.

A construção dessa unidade política foi muito bem-feita. Tudo teria que começar pela eleição da mesa (presidente e vice) e pela escolha do relator da CPI. A tradição do Senado brasileiro é de que essas posições sejam preenchidas pelas maiores bancadas, alternando-se governo e oposição na ocupação das principais posições (ainda que não haja uma definição rigorosa no Regimento Interno da Casa nesse sentido).

Outra tradição observada é de que o autor do requerimento de criação da CPI possa ocupar a presidência da comissão, não importando o tamanho de sua bancada. Tudo isso "em condições normais de temperatura e pressão". Em uma CPI com a relevância que essa poderia ter, os critérios de tradição não eram os mais importantes.

Como dissemos, as circunstâncias políticas nos levaram a ter maioria na comissão, e nós queríamos exercê-la em sua plenitude. Para isso precisaríamos construir um acordo político que atendesse a todos do G-7.

Era natural que o senador responsável pela iniciativa de colher as assinaturas para a criação da comissão de inquérito viesse a ser escolhido como presidente. Mas ganância, vaidade ou inflexibilidade são vícios particularmente nocivos para quem quer fazer política. Era fundamental que pudéssemos compor um grupo heterogêneo o suficiente para fortalecer a legitimidade e a capacidade de incidência da CPI. Se contássemos com um nome como o de Eduardo Braga, do MDB, que, apesar da interlocução que mantinha com o Planalto, havia-se como independente, não estaríamos mal.

Definidos os membros da comissão, indicados pelos respectivos partidos, fomos para os votos. Foi quando soubemos que Omar Aziz, que tinha interesse direto na investigação da atuação do governo federal no trato da pandemia no Amazonas, seu estado de origem, começara a se articular para ocupar a presidência da CPI. A própria presença de seu conterrâneo Eduardo Braga na comissão era mais um motivo a justificar o seu pleito.

Tivemos essa informação na primeira reunião do grupo que viraria o G-7. Omar não participou do encontro. Dessa primeira reunião participaram também Alessandro Vieira, do Cidadania, e Rogério Carvalho, do PT, que viriam a ser ativos suplentes da comissão. Três nomes foram cogitados para a função de presidente: Tasso Jereissati, Otto Alencar e Randolfe Rodrigues. Os dois primeiros declinaram da indicação, alegando inclusive razões de saúde. Otto informou ainda que teria dificuldades de não votar em Omar, seu companheiro de partido, caso ele se apresentasse como candidato. O MDB desde o início revelou seu interesse na relatoria da CPI.

O nome de Omar para a presidência estava longe de ser uma unanimidade. A condução da CPI seria muito difícil, e para alguns de nós melhor seria que tivéssemos alguém mais flexível e maleável do que Omar. Além disso, embora ele apoiasse a CPI havia algum tempo, seu discurso no dia seguinte à decisão do Supremo que mandou instalar a comissão, denunciando a interferência do Judiciário no Legislativo, deixava dúvidas quanto à firmeza do seu apoio. No entanto, os acontecimentos mostrariam que a escolha havia sido acertada. Omar teve uma atuação firme na presidência, e o sucesso da CPI deveu-se em parte por sua atuação.

Otto Alencar reafirmou seu compromisso de votar em Omar Aziz e assegurou que não faltaria com a palavra dada ao representante do Amazonas. Enquanto isso, os governistas começavam a cortejar Omar prometendo apoio à sua candidatura em troca de espaços estratégicos na comissão. Mantida a posição de Otto, poderíamos sofrer um importante desfalque no G-7.

A unidade do nosso grupo estava em risco. Manter a candidatura de Randolfe, apoiada por Humberto e pelo PT, poderia colocar a unidade do grupo de oposição e independentes em risco. Mais uma vez, o recuo foi a melhor estratégia para o ataque, e aceitar a vice-presidência em nome de um projeto maior se mostrou uma opção acertada.

No debate sobre a relatoria, as disputas internas do MDB fervilhavam, até porque na bancada havia vários senadores da base de apoio de Bolsonaro, inclusive o líder do governo no Senado, Fernando Bezerra Coelho, de Pernambuco, e o líder do governo no Congresso Nacional, Eduardo Gomes, do Tocantins. Além disso, o próprio senador Eduardo Braga, líder da bancada, almejava o posto de relator.

O nome de Renan Calheiros como relator nos pareceu logo uma boa alternativa. Independentemente de nossas muitas divergências, sabíamos que Renan era uma pessoa de posições firmes e que honrava compromissos. Era também muito experiente na vida parlamentar, tendo acompanhado o desenrolar de várias CPIs. Não era dado a extremos, tinha uma postura clara de oposição ao governo, mas sempre foi aberto ao diálogo. Além disso, acreditávamos que seu partido, o MDB, não faria ressalvas a sua indicação, e não obstante tenhamos nos enganado quanto a haver um consenso emedebista — Renan enfrentou uma série de resistências internas —, o partido enfim chancelou sua indicação.

A composição, no entanto, revelava uma falha grave nossa e dos nossos partidos: não havia nenhuma senadora entre os participantes, titulares ou suplentes. Ao que cinco de nossas colegas prontamente reagiram, formando um grupo que funcionaria durante a CPI em uma espécie de rodízio para a arguição dos depoentes.

Eram elas a maranhense Eliziane Gama, a brasiliense Leila Barros, as sul-mato-grossenses Simone Tebet e Soraya Thronicke e a representante do Rio Grande do Norte Zenaide Maia. Por uma decisão acertada do presidente Omar Aziz, adquiriram informalmente o direito de inscrever uma delas a cada sessão como se titular fosse e ainda ocupar espaços entre os suplentes e não membros que desejassem questionar os convocados. A tropa de choque bolsonarista tentou impedir essa participação, alegando questões regimentais, mas sofreu um forte rechaço e já despertou de início uma enorme antipatia à postura do governo.

O grupo se revelaria em alguns momentos uma pequena fortaleza dentro da CPI, ajudando a emparedar muitas testemunhas com firmeza, tecnicidade e clareza nas perguntas. A senadora Simone Tebet cumpriu um papel importante ao conseguir que o deputado Luis Miranda (DEM-DF) revelasse que o presidente da República teria feito referência ao deputado Ricardo Barros (Progressistas-PR) como um dos possíveis envolvidos na compra superfaturada da vacina indiana Covaxin. Ao lado da senadora Soraya Thronicke, avançou para uma postura frontalmente oposta às ações do governo durante a pandemia.

A senadora Eliziane Gama teve também um papel de grande destaque — preparada, firme em seus argumentos, conhecedora e estudiosa dos assuntos a que se dedicou na CPI. Foi também uma das mais assíduas e pontuais.

Leila Barros protagonizou um episódio muito forte na comissão durante o depoimento do ministro da Controladoria-Geral da União (CGU), Wagner Rosário, que havia se dirigido com deboche à senadora Simone Tebet. A sessão teve que ser suspensa e só retornou após um pedido de desculpas do ministro, exigência firme de Leila.

A senadora Zenaide Maia (Pros-RN) era sempre uma das últimas a falar, mas suas colocações eram certeiras, firmes e ricas de conhecimento médico, ela própria uma infectologista.

Ainda no começo dos trabalhos, logo após o anúncio da eleição da mesa da comissão, houve mais um gesto do governo Bolsonaro para tumultuar a CPI. Dessa feita por intermédio da deputada federal Carla Zambelli, bolsonarista histórica paulistana, que entrou com uma ação e conseguiu, junto à Justiça Federal em Brasília, uma liminar que sustava a indicação do senador Renan Calheiros como relator da comissão.

A mesa do Senado recorreu da decisão e contestou as alegações de Zambelli de que, entre outras coisas, o senador não poderia ocupar a relatoria da comissão por força de investigações em curso contra ele nas cortes superiores. A decisão seria derrubada pouco depois pelo Tribunal Regional Federal da 1ª Região. Mais uma vez Bolsonaro se mostrava com uma articulação falha no Senado, dependendo da ação isolada de uma deputada federal para tentar conter a previsível sangria.

O mandado de segurança cruzado parecia despropositado. Mas se prestava à permanente disputa de narrativas patrocinada pelos grupos bolsonaristas. Contrapor-se ao senador Renan Calheiros alegando denúncias de corrupção e até suspeição porque tinha um filho governador era uma maneira de tentar desmoralizar a CPI e reafirmar o discurso de que a comissão tinha apenas o objetivo político de prejudicar o governo. A milícia digital era mantida no ataque, embora essa força virtual contra a CPI já desse sinais de que não era mais hegemônica.

Pouco depois de aberta a CPI, o governo deu outro bote. Foi quando o senador piauiense Ciro Nogueira alegou "vício insuperável" da comissão por ter entre seus membros senadores que atuavam em outras CPIs da Casa. À questão não foi dado prosseguimento. O movimento não chegava a ser nenhum grande arroubo por parte de Nogueira, mas podia indicar que talvez a defesa do governo estivesse se organizando.

O roteiro da CPI começava a ser desenhado à medida que juntávamos requerimentos e pedidos de informação. De partida tínhamos 115 pedidos, que foram expedidos para os mais diversos órgãos de controle, ministérios, agências ligadas à saúde pública, especialistas e membros do governo federal. Essa rede que lançamos traria muitos detalhes importantes para a comissão, por exemplo, o que descobrimos quando questionamos o governo federal a respeito de vacinas.

5. NO RINGUE DA POLÍTICA NACIONAL

Durante meses a CPI mobilizou a atenção do país com denúncias, debates acalorados e depoimentos reveladores do descalabro da atuação do governo no enfrentamento da pandemia. Alguns desses depoimentos foram marcantes pela importância das informações que trouxeram; outros, pela forma como os depoentes conseguiram, digamos, cumprir determinados papéis ou tumultuar, sem que pudéssemos rebater como imaginávamos que fosse possível. Sublinhamos três casos que consideramos muito positivos e outros três em que nos cabe reconhecer que a CPI não foi tão bem. Houve aqueles que chegaram a ressuscitar a comissão em momentos críticos, outros que quase a fizeram adernar.

Um dos mais longos e esclarecedores depoimentos aconteceu no dia 13 de maio, dado pelo executivo da Pfizer, sr. Carlos Murillo. Ele revelou que, entre maio e dezembro de 2020, o laboratório enviou mais de sessenta e-mails ao Ministério da Saúde priorizando a venda de vacinas para o Brasil, todos sem resposta. Nas poucas interações diretas que o Ministério da Saúde chegou a ter com a empresa, apresentou como pretexto para a não continuidade das negociações a existência da já citada cláusula de imunidade jurídica, que protegeria a empresa de responsabilidades quanto a intercorrências no uso da vacina.

Só depois de aprovado o projeto de lei que autorizava a adoção daquela cláusula o governo se decidiu a comprar a vacina. Em 19 de março de 2021, o governo federal firmou o primeiro contrato de compra de vacinas com a Pfizer. O fato que Carlos Murillo trouxe à CPI foi aterrador: a primeira oferta da farmacêutica ao governo brasileiro acontecera em agosto de 2020.

A primeira proposta foi enviada no dia 14 e não obteve resposta. Perderia a validade em quinze dias a partir daquela data e previa o acesso a mais de 70 milhões de doses entre dezembro de 2020 e o último trimestre de 2021. Uma segunda proposta, enviada no dia 18, aumentava a quantidade de doses inicialmente ofertadas para 2020, indo de 500 mil a 1,5 milhão.

Na correspondência enviada pela empresa com data de 12 de setembro de 2020, dirigida ao presidente Bolsonaro, ao seu vice e a vários de seus ministros, a Pfizer cobrava uma posição do governo alegando que, com a experiência de centenas de campanhas de vacinação, o sistema público de saúde do Brasil poderia se tornar um modelo de imunização global. Não houve resposta. Carlos Murillo relatou à CPI o envio de seis propostas ao longo desse período em que foram oferecidas pelo menos 70 milhões de doses ao governo federal.

A ida do representante da Pfizer à CPI já estava confirmada, mas cresceu em importância quando, na quarta-feira, 12 de maio de 2021, o ex-secretário de Comunicação do governo, o publicitário paulistano Fabio Wajngarten, confirmou à CPI ter tomado conhecimento, no dia 9 de novembro de 2020, de que as correspondências da Pfizer dirigidas ao governo federal se acumulavam sem resposta.

Essa informação, revelada por ele em uma entrevista à revista *Veja*, seria por ele negada na CPI e confirmada ao vivo pela própria revista, que publicou em seu portal os áudios da entrevista ainda durante o depoimento. A informação lhe teria sido repassada por um executivo de TV. Ou seja, o tratamento dado pelo governo ao assunto era considerado tão absurdo que rompera o círculo governamental e causava espanto entre executivos de grandes empresas no eixo Rio-São Paulo. Tínhamos alguém que havia feito parte do governo admitindo ao vivo que, por mais de dois meses, o governo deliberadamente não respondera às propostas de venda de vacina da Pfizer.

A CPI também demandava o compartilhamento

de documentos, quebras de sigilo e oficiamentos a órgãos públicos e de investigação, como a Polícia Federal e o Ministério Público, a fim de esclarecer questões e sugerir investigações mais aprofundadas. Uma delas aconteceu por acaso, quando uma das equipes de trabalho começou a analisar parte dos documentos enviados pelo Ministério da Saúde, assim como os requisitados pela CPI ao ex-secretário de comunicação Fabio Wajngarten e ao executivo da Pfizer, Carlos Murillo, e se deparou com 36 correspondências adicionais enviadas pela Pfizer ao governo federal sem que tenha havido uma resposta sequer.

Enquanto isso, naqueles últimos seis meses, segundo relataria depois uma reportagem do jornal americano *The New York Times*, o então premiê israelense Benjamin Netanyahu, um direitista que abraça políticas radicais e foi dos poucos líderes mundiais a comparecer à posse de Bolsonaro, já havia ele próprio procurado a farmacêutica 36 vezes a fim de acompanhar o máximo possível o desenvolvimento da vacina. Israel seria um dos primeiros países a atingir a vacinação plena meses depois.

Não fosse esse um governo em tudo anômalo e belicoso, os passos normais do assunto seriam a anuência do Poder Executivo junto ao Ministério da Saúde para a inclusão da União como responsável jurídica em caso de ocorrências de eventos adversos pelo uso da vacina, até hoje ínfimos em número. Estariam derrubadas as barreiras para a aquisição de imunizantes, insumos e serviços necessários à vacinação pública, estaria autorizada a aquisição desses itens por dispensa de licitação, ampliando o acesso a outros laboratórios produtores de vacinas, e os parâmetros técnicos da Anvisa seriam equiparados aos de outras agências de vigilância sanitária estrangeiras, como as de Israel, Índia e Rússia.

Se o governo Bolsonaro tivesse respondido à proposta da Pfizer ainda em agosto de 2020 e tratado o assunto com a devida urgência, é certo que teríamos contratado as vacinas no segundo semestre, mesmo período em que outros 69 países acertaram a compra do imunizante junto à farmacêutica. Essa intenção inexistia. A omissão do governo era planejada e tinha como resultado direto o aumento do número de vidas perdidas que poderiam ter sido salvas com a chegada da vacina. De fato, assistimos a uma queda expressiva do número de óbitos a partir de abril de 2021, após o início da vacinação. Acumulamos pelo menos quatro meses de atraso para o início da campanha.

Dias depois da passagem do executivo da Pfizer pela CPI, precisamente em 27 de maio de 2021, tivemos a participação do diretor do Instituto Butantan,

Dimas Covas. Seu depoimento foi, do início ao fim, demolidor para o governo Bolsonaro. Ele afirmou que o Brasil poderia ter sido o primeiro país do mundo a aplicar uma vacina contra a covid-19 se o governo federal tivesse cooperado seriamente com o instituto vinculado ao governo de São Paulo. Dimas revelou que o acordo firmado entre a instituição e a empresa chinesa Sinovac Biotech, responsável pela vacina CoronaVac, permitiria que o Brasil produzisse 60 milhões de doses do imunizante ainda em 2020. Para isso, necessitava da garantia do Ministério da Saúde de que adquiriria toda a produção do Butantan e de que contribuiria com os investimentos necessários à adaptação da planta industrial para a fabricação da vacina. O governo federal não deu essa garantia.

A posição do governo Bolsonaro novamente era de omissão, inércia e sabotagem aos esforços para a obtenção de vacinas. Se, no caso das grandes companhias privadas, o pretexto de Bolsonaro e do ministro Pazuello para não negociarem a compra de imunizantes eram as chamadas "cláusulas draconianas", no caso das vacinas do Butantan era a sua origem chinesa, o que, na visão difundida pelos bolsonaristas, colocava em dúvida sua eficácia e segurança. Essa postura xenofóbica tinha como pano de fundo posições políticas da chamada "ala ideológica" do governo contra a China, país que acusavam de ter criado o vírus da covid-19 e controlado a sua disseminação com o objetivo de destruir a economia ocidental e exercer uma hegemonia absoluta sobre o mundo. O discurso ainda incluía a visão de que os chineses seriam beneficiados pela pandemia criada por eles próprios ao venderem insumos diversos (vacinas em especial) para a prevenção e o tratamento da covid-19. Essa narrativa inundava as redes bolsonaristas sob a forma de memes e fake news.

Como consequência dessa "sinofobia", estados, municípios e o próprio governo federal tiveram dificuldades para adquirir insumos e equipamentos necessários ao enfrentamento da pandemia, a maior parte deles produzida na China. A cada declaração contra a China do então ministro das Relações Exteriores, Ernesto Araújo, ou do deputado federal Eduardo Bolsonaro, instituições como a Fundação Oswaldo Cruz, produtora da AstraZeneca, e o Instituto Butantan enfrentavam problemas para obter insumos necessários à produção dos imunizantes. As falas de Bolsonaro e seus apoiadores na Câmara e no Senado lançando suspeitas contra a CoronaVac dificultaram o recrutamento de voluntários para o processo de testagem da vacina, tamanha a desinformação que as hostes bolsonaristas patrocinavam nas redes sociais.

Mas, em verdade, o que estava em jogo, além da visão anticiência do governo, era uma mesquinha disputa política de Bolsonaro contra o então governador de

São Paulo, João Doria, do PSDB, que havia sido seu aliado nas eleições de 2018 e acabou transformado em seu arqui-inimigo político a partir do momento em que revelou sua pretensão de disputar a Presidência em 2022. Correndo por uma faixa do eleitorado comum ao presidente, um eventual sucesso de Doria na produção de vacinas para o Brasil poderia trazer-lhe grande prestígio político e aumentar as suas chances eleitorais. Esse cenário provocava insônia em Bolsonaro e, portanto, teria que ser evitado a todo custo, mesmo que isso impedisse o acesso da população a vacinas contra a covid.

Dimas desnudou, numa fala amparada por documentos, como o primeiro ofício enviado ao ministro Pazuello no dia 30 de julho de 2020, propondo a parceria para a produção da CoronaVac, ficou sem resposta. Ainda que houvesse uma forte pressão social por vacinas e uma enorme expectativa de governadores e prefeitos pelo sucesso do projeto Butantan/Sinovac, Bolsonaro sabotou o quanto pôde todas as tentativas de negociação com o governo paulista.

Numa fala do presidente exibida pelo relator da CPI, Renan Calheiros, durante o depoimento de Dimas, o "Messias" aparece ameaçando Doria: "Eu que sou governo, o dinheiro não é meu, é do povo, não vai comprar tua vacina também". O presidente tomava para si o controle de algo que era um bem de interesse público, e sua fala, ao coincidir com uma sinalização de compra que partira do próprio Pazuello, travou novamente as negociações, conforme Dimas confirmaria em sua oitiva.

As omissões nas respostas ou o prolongamento de discussões improdutivas para impedir a celebração dos contratos de compra representavam para os laboratórios a mudança em cronogramas de fabricação e de entrega, alterações logísticas e o crescimento da demanda de outros países interessados nos insumos ou na própria vacina. Ou seja, o Brasil ficava para trás num assunto em que poderia ser exemplo global.

Aquela fala de Bolsonaro aconteceu em 29 de outubro de 2020, dias depois de um anúncio pomposo de Pazuello de que iria adquirir para o SUS as vacinas produzidas pelo Butantan. Dimas Covas relatou durante o seu depoimento que, pouco antes de ser desautorizado publicamente por Bolsonaro, Pazuello chegou a tratar a CoronaVac como "a vacina do Brasil".

Dias antes do desmentido público de Bolsonaro, havíamos assistido a um dos episódios mais constrangedores da história política brasileira. Em um vídeo ao lado de Bolsonaro, o ministro negaria a compra anunciada por ele próprio, respaldaria a decisão do presidente e produziria uma das maiores pérolas da subserviência política já vistas em nosso país ao proferir a célebre frase: "Um manda, o outro obedece".

Naquele mês de outubro, o Butantan havia aumentado de 60 milhões para 100 milhões a oferta de doses ao governo federal. Mas, de 21 de outubro até 7 de janeiro de 2021, o governo federal se manteve inerte. Foram mais de dois meses e milhares de vítimas da covid-19.

As dificuldades do Butantan, porém, não se restringiam à compra das vacinas pelo governo. O instituto, ainda em agosto de 2020, havia requerido ao Ministério da Saúde 80 milhões de reais para custear parte da pesquisa científica, das melhorias dos laboratórios e da planta de produção de vacinas — essas reformas mais que dobrariam a capacidade do instituto de fornecer imunizantes ao país. Não houve resposta. E, quando houve, no início de 2021, o instituto já tinha assegurado os recursos para o investimento a partir da manifestação de intenção de compra de vacinas por dezessete estados da federação. Ou o governo Bolsonaro não chegava quando chamado ou chegava tarde demais.

6. A TEMPERATURA NÃO PARA DE SUBIR

Diante de milhões de brasileiros e brasileiras que acompanhavam a CPI, as provas contra Bolsonaro e seu governo se avolumavam, mas o ritmo da comissão nem sempre correspondia à expectativa gerada pelos depoimentos mais concorridos.

A coleta de informações era rápida, outro sinal de mudança dos tempos. Documentos ou pedidos de informação que, em CPIs anteriores, poderiam levar semanas para chegar até nós, eram obtidos agora mediante alguns cliques, em parte enviados até mesmo por perfis de redes sociais. Ao mesmo tempo, o gigantesco rol de informações de que dispúnhamos dificultava o seu rápido processamento. A audiência da CPI na internet e nos meios de comunicação tradicionais variava de acordo com a expectativa de informações explosivas para serem compartilhadas. E nem sempre nós as tínhamos.

Em meados de junho, já ouvíamos aqui e ali nos corredores do Senado ou na conversa com a imprensa, durante o cafezinho, que "era hora de acabar a CPI", que não havia muito mais o que descobrir, que a comissão tinha que terminar seus trabalhos em alta. Havia o receio da perda de relevância da CPI e, em consequência, o aumento da contrapressão por parte do governo. Foi quando apareceram os irmãos Miranda.

Os rumores de que um deputado bolsonarista dispunha de informações que comprometeriam Bolsonaro no trato da compra de vacinas começaram a circular na segunda quinzena de junho e caíram como uma bomba entre nós, gerando novo ânimo na comissão. Luis Miranda, deputado federal pelo então DEM-DF, tido e havido como bolsonarista, com inúmeros registros nas redes sociais ao lado do presidente, fez chegar à CPI a informação de que dispunha de provas de prevaricação do presidente. Bolsonaro, ao ser informado a respeito de possível ato de corrupção na compra da vacina indiana Covaxin pelo Ministério da Saúde, não teria agido para contê-lo. A convocação de Miranda foi aprovada sem dificuldades.

Já na CPI, ao lado do irmão, Luis Ricardo, funcionário de carreira do Ministério da Saúde e membro da divisão de importação do órgão, Miranda contou, em consonância com o que alegaria o irmão durante todo o depoimento, que em 20 de março de 2021 alertou o presidente Bolsonaro de que a compra da vacina Covaxin, intermediada pela empresa Precisa junto ao MS, continha vícios de origem que indicavam corrupção.

Foi quando, segundo Miranda, Bolsonaro ligou o assunto espontaneamente ao então líder do governo na Câmara dos Deputados, Ricardo Barros (PP-PR), como se fosse algo conhecido ou esperado.

Além de denunciar vícios de origem no processo de compra da Covaxin, como a inclusão de documentos falsificados, divergentes ou adulterados, o irmão do deputado relatou ter sofrido uma pressão incomum para a assinatura do contrato junto ao Ministério da Saúde. De uma só vez, tínhamos descortinado uma série de interesses e possíveis crimes partindo de pessoas ligadas ao governo, como advocacia administrativa por parte do líder do governo na Câmara, além de prevaricação por parte de Bolsonaro, que, diante da informação, nada fez para cessar o contrato.

Foi somente com a pressão que se seguiu ao depoimento dos irmãos à CPI que o Ministério da Saúde anunciou o rompimento do contrato com a Precisa, empresa responsável pela intermediação da compra de milhões de doses de Covaxin, àquela altura com as entregas de doses iniciais já atrasadas. A tropa de choque bolsonarista tratou de disseminar a falsa informação de que o presidente havia demandado ao Ministério da Saúde a investigação do tal contrato, ato que não constou em nenhum registro oficial desde que o processo de análise do documento deu entrada no órgão.

No cômputo geral, portanto, o depoimento dos irmãos serviu para dar um fôlego enorme à CPI, que recuperou naquela tarde parte da atenção que começava a se dispersar, do interesse da imprensa tradicional, da relevância junto à população que nos assistia, além de render inúmeros pedidos de procedimentos que ainda descansam nas gavetas da Procuradoria-Geral da República. Além do negacionismo do governo durante todo o enfrentamento da pandemia, constatamos fortes evidências de crimes de corrupção nesse episódio e em outros, como as denúncias contra VTCLog, FIB Bank, Belcher, Precisa Medicamentos, Global etc.

Afora o que revelaram por si, os três depoimentos nos parecem hoje momentos em que estivemos muito afinados: o G-7, os suplentes do grupo e as senadoras que formaram o coletivo. A lista de perguntas de que dispúnhamos não dava nem ideia do processo exaustivo que havia por trás nos nossos gabinetes para a sua produção. Pilhas de documentos, centenas de ofícios, denúncias, notas técnicas, informações passadas por jornalistas e internautas precisaram ser destrinchadas para que flancos não ficassem abertos, especialmente nas sessões de inquirições. No entanto, muitas vezes não conseguimos manter essa coesão e, por vezes, o que tínhamos em mãos não era o suficiente para o questionamento mais profundo dos elementos-chave da política do governo durante a pandemia.

Houve depoimentos difíceis, como os do então ministro da Saúde, Eduardo Pazuello, e do líder do governo, Ricardo Barros. Outros, como o do empresário Luciano Hang, sempre achamos que não deveriam sequer ter acontecido.

No fim de abril de 2021 nos chegaram informações sobre pessoas ligadas a uma empresa de *media training* de Brasília dando conta de um suposto mau desempenho do ministro Pazuello durante as sessões de preparação para o seu depoimento à CPI, inicialmente marcado para o dia 5 de maio. O ministro demonstrava impaciência, irascibilidade e teria chegado a dizer muitas vezes que, do modo como a inquirição se encaminhava — e poderia ser ainda pior na CPI —, ele estaria exposto e seria responsabilizado por tudo sozinho. Alegando contato com pessoas diagnosticadas com covid-19, Pazuello conseguiu adiar por catorze dias a sua fala à CPI, que só ocorreria em 19 de maio.

Sabíamos, no entanto, que o real motivo da ausência era o despreparo do ministro, necessitado de maior atenção e treinamento. Para o adiamento, ele contou também com a mão generosa do presidente da CPI, Omar Aziz, que tendia a afastar conflitos entre a CPI e os militares da ativa.

Aziz, por exemplo, era contrário à convocação do ministro Braga Netto — coordenador principal da equipe ministerial responsável pelas medidas de enfrentamento da covid durante o período em que foi chefe da Casa Civil — e manteve esse veto por todo o período em que perdurou a CPI. Para isso, Aziz contou com o apoio da maioria dos senadores do G-7, entre os quais Tasso Jereissati, Otto Alencar e Eduardo Braga. Eles defendiam que era prudente manter a CPI a uma distância razoável de certas figuras da caserna, como sinal de respeito às Forças Armadas. O próprio Jereissati afirmava, em reuniões internas do G-7, que não poderíamos correr o disco de "galvanizar nas Forças Armadas um oponente da CPI". A partir do dia 7 de julho, quando se contavam 527 mil mortos, esse quadro mudaria em parte. Aziz se deu conta de que o cuidado que ele tinha na relação da CPI com as Forças Armadas poderia não ser recíproco.

Quando a CPI descobriu que, nas negociações para a compra de vacinas e insumos afins, existia no Ministério da Saúde uma série de lobbies em torno dos contratos, grande parte administrados por militares levados para a pasta pelo ministro Pazuello, Aziz caracterizou a existência do que chamou de uma "banda podre" da caserna atuando no ministério. Longe de generalizar o comportamento dessas pessoas à instituição das Forças Armadas, Aziz se referia a determinados indivíduos envolvidos em negociações suspeitas que ocupavam posições de mando no ministério. A seriedade das denúncias e a força dos indícios ensejou a primeira ordem de prisão dada pela CPI, contra o ex-diretor de logística do MS Roberto Dias. Mesmo assim, os militares reagiram ouriçados.

Em nota oficial, os comandantes das três Forças Armadas reagiram como se as acusações tivessem sido dirigidas às instituições. Não deixaram a crítica circunscrita aos militares supostamente envolvidos em corrupção, mas, ao contrário, afirmaram que não iriam aceitar "qualquer ataque leviano às instituições que defendem a democracia e a liberdade do povo brasileiro". A respeito das denúncias de corrupção, nenhuma linha sequer.

Naquela tarde, quando tomamos conhecimento da nota das FFAA, um rebuliço tomou conta do plenário do Senado. "O que faremos?" era a pergunta mais ouvida entre os senadores ali presentes, dentre eles Davi Alcolumbre, que opinou ser gravíssima a nota, mas que não tinha certeza de que o melhor caminho para o Senado seria partir para o confronto. Muitos de nós argumentamos que era hora de falar, e que calar só daria razão ao absurdo que era a publicação da nota, já que, nem de longe, as FFAA foram atacadas pela CPI.

Não surpreende que senadores de oposição, como nós, condenássemos a nota com veemência. Fizemos nosso papel. Tão ou mais importante foi o fato de que uma figura como Omar Aziz fosse ainda mais enfática. Ele disse que poderiam fazer cinquenta notas iguais que não o intimidariam, e que os bons das Forças Armadas deveriam estar muito envergonhados pelo teor do que havia chegado a público. Aziz cobrou de Pacheco uma declaração firme da Casa contra o que considerava uma provocação dos chefes militares. O presidente, com seu espírito excessivamente conciliador, saiu-se com um discurso sem força alguma de que era preciso solidariedade e união. O episódio, no entanto, deu mais coesão naquele momento à CPI. Os senadores entendiam que a nota das FFAA era, no mínimo, desmedida para a ocasião. Vários senadores se manifestaram em solidariedade a Aziz e contrários às ameaças.

Quanto ao depoimento de Pazuello, na nova data agendada ele chegou à CPI mais seguro do que esperávamos, embora a aparente segurança não fosse suficiente para esconder as contradições e inverdades de suas declarações. Muitas delas nos seriam úteis mais à frente, inclusive nos depoimentos dos irmãos Miranda, que confirmaram à comissão que a dose da

Covaxin chegara a ser negociada com o governo pelo preço de quinze dólares, bem mais que a oferta inicial da Pfizer, em agosto de 2020, que era em torno de dez dólares. Segundo o ministro, o "alto preço" cobrado pela empresa norte-americana teria sido o principal entrave para a continuidade das negociações do governo com a farmacêutica. Ou seja, mentira.

Nesse mesmo período, para agravar ainda mais a situação do governo, o laboratório responsável pela vacina indiana não havia apresentado à Anvisa nem sequer os protocolos da segunda fase de testes em seu país de origem, ao passo que a Pfizer já se encontrava na última etapa e alcançara o percentual de 95% de proteção contra as variantes então conhecidas da covid-19. Não era questão de apenas pagar mais caro, mas pagar mais por um produto de pior qualidade ou, no mínimo, de qualidade e segurança incertas. E o ministro tinha informações claras a esse respeito.

O treinamento de mídia, que se estendeu por duas semanas além do inicialmente esperado, foi eficaz o bastante para que Pazuello mentisse, omitisse fatos e tomasse para si responsabilidades que eram do seu chefe, Bolsonaro. Ainda que oscilando, muitas vezes, entre o nervosismo e a impaciência, o fez de forma contundente, o que serviu à falsa narrativa das redes bolsonaristas de que ele nos havia deixado nas cordas.

Perguntado, por exemplo, sobre a ocasião em que,

alquebrado pela covid-19, confirmara a desistência da compra da CoronaVac pelo MS e se submetera à humilhação imposta por Bolsonaro de responder com o famoso "um manda e o outro obedece", Pazuello disse à CPI que se tratava de "um jargão militar, apenas uma posição de internet". Apesar de confirmar o teor da fala do presidente, ativamente contrária à compra das vacinas, era incapaz de admitir sua responsabilidade e a de Bolsonaro sobre os efeitos da decisão, reduzindo o discurso de ódio a uma encenação teatral, como se não existissem consequências das falas da maior autoridade da República.

A respeito da tragédia em Manaus, o hoje ex-ministro cobriu-se de contradições e cinismo. Afirmou que só teria tomado conhecimento do risco de colapso na noite do dia 10, mentira que sustentou alegando que havia conversado com o secretário de Saúde do Amazonas por telefone no dia 7 de janeiro sem que ele tivesse mencionado a questão.

No entanto, Marcellus Campêlo, então secretário estadual de Saúde, não só confirmou que tratara da iminente falta de oxigênio como divulgou o ofício enviado ao MS no dia 7, em que dava conta da situação crítica. Outro ofício, enviado pela Advocacia-Geral da União ao Supremo Tribunal Federal ainda em janeiro, informou que o governo tinha conhecimento do risco pelo menos dez dias antes de se iniciar a tragédia que matou mais de 3 mil pessoas no Amazonas.

Pazuello insistiu ainda que a resposta do governo teria sido marcada pela presteza e pelo senso de urgência, e que no dia 13 de janeiro o fornecimento de oxigênio já havia sido regularizado. A afirmação foi veementemente rebatida pelo senador Eduardo Braga, do MDB do Amazonas, que testemunhou o caos que só começou a ser estancado depois do dia 20, quando, de fato, as remessas de cilindros de oxigênio tiveram seu curso retomado e só aos poucos normalizado.

Mesmo diante de todos os fatos expostos, Pazuello seguiu em sua cruzada de bom soldado, cumpridor de missões impossíveis, como a que se desenrolava ali, ao chamar para si as responsabilidades que poderiam ser divididas entre ele e Jair Bolsonaro. Ao fim do depoimento, perguntado sobre o que sentia após ter deixado o ministério e um rastro de 426 mil mortes, ele escolheu a expressão "missão cumprida", provocando em todas as pessoas de bom senso um gosto amargo de revolta e frustração e a referência involuntária à banalização do mal de quem alega que cumpriu ordens, mesmo que elas tenham resultado na morte de milhares de pessoas.

Pazuello seria premiado por Bolsonaro no fim de semana seguinte à data de seu depoimento com uma participação especial em um ato político de apoio ao presidente no Aterro do Flamengo, no Rio de Janeiro. O general, descumpridor da lei tal qual seu chefe — outrora expulso das Forças Armadas, entre outras condutas criminosas, por um plano para explodir bombas-relógio em unidades militares do Rio, segundo relatório produzido à época por três coronéis responsáveis pela investigação —, foi ovacionado pelos presentes.

A partir dali, numa demonstração inacreditável de escárnio, seu nome passaria a ser cotado como candidato a governador do Rio de Janeiro com o apoio ostensivo do presidente da República.* Sua participação, como general de divisão que ostentava três estrelas, em um ato de caráter deliberadamente político-partidário, foi um ataque frontal ao Código Penal Militar e ao Regulamento Disciplinar do Exército, que veda esse tipo de conduta a militares da ativa.

Diante da flagrante agressão à lei, o Comando do Exército abriu um procedimento administrativo para apurar a conduta de Eduardo Pazuello. Mas, por pressão de Bolsonaro e em articulação com outros generais do governo, o então comandante da força, Paulo Sérgio Nogueira de Oliveira, empastelou, de maneira silenciosa, a apuração e livrou a cara do colega. Em uma nota lacônica, o Exército comunicou em seu site que

---

* Pazuello concorreu a deputado federal pelo PL, mesmo partido de Bolsonaro, nas eleições de 2022.

o comandante [...] analisou e acolheu os argumentos apresentados por escrito e sustentados oralmente pelo referido oficial-general. Desta forma, não restou caracterizada a prática de transgressão disciplinar por parte do general Pazuello. Em consequência, arquivou-se o procedimento administrativo que havia sido instaurado.

Ato contínuo, o Comando do Exército, por determinação do Planalto, presenteou o testa de ferro de Bolsonaro que operou a imunidade de rebanho e demais práticas obscurantistas que levaram à morte milhares de brasileiros com a blindagem de cem anos de sigilo sobre o processo que o isentou de responsabilidade na participação do ato político-partidário.

Logo após ser mencionado pelos irmãos Miranda — quando relataram que o próprio presidente, ao saber das suspeitas de corrupção na compra das vacinas indianas, alegara que "isso é coisa do Barros" —, Ricardo Barros, líder do governo na Câmara, raposa velha do PP e ex-ministro da Saúde do governo Michel Temer, passou a insistir na sua convocação para a CPI. Essa pressão veio de diversas direções e formas, como telefonemas do próprio Ricardo Barros, a quem respondemos algumas vezes que não entendíamos tamanha pressa, já que quem definia a data dos depoimentos era quem investigava, não quem deveria ser investigado.

Omar Aziz também não estava livre do lobby e recebeu telefonemas constrangedores de Barros, assim como de Arthur Lira, presidente da Câmara, forçando a convocação. Era começo de agosto de 2021 e, aos poucos, a pressão começava a fazer efeito. O primeiro a se convencer de que a convocação deveria ser apressada foi Aziz. Ele também alegava que, estando num daqueles momentos de baixa audiência, a CPI poderia retomar o protagonismo no noticiário daqueles dias. Na nossa opinião, a pressão que Barros fazia indicava que ele tentaria utilizar o depoimento a seu favor, promovendo uma encenação teatral. E foi o que aconteceu no dia 12 de agosto.

Antes, naquela semana, o programa *Profissão Repórter*, da Rede Globo, exibiu uma extensa matéria a respeito de um escândalo de saúde no Paraná, armado por uma empresa denominada Global, que intermediava a venda a órgãos públicos de insumos de saúde que nunca eram entregues e que, de acordo com investigações do MPF e da Polícia Federal, tinham os recursos desviados por um grupo supostamente liderado por Ricardo Barros.

A cada indagação e contradição exposta durante seu depoimento à CPI, o deputado dobrava a aposta com mais manipulação e negativas. Negou qualquer participação na negociação para a compra da vacina indiana Covaxin pelo Ministério da Saúde e atribuiu essa acusação a um imenso "mal-entendido", que incluía o fato de Luis Miranda ter levado ao presidente uma foto sua numa reportagem que abordava o escândalo da Global.

Esse era o nível de desfaçatez a que estávamos submetidos naquele depoimento. Mas, graças a seu atrevimento e seu talento retórico, Ricardo Barros produziu tamanho tumulto na CPI que, ao final, consideramos a sua participação uma derrota para nós. O auge da nossa revolta foi ter ouvido do depoente que nosso trabalho estaria afastando laboratórios interessados em negociar vacinas com o Brasil (leia-se Bharat Biotech/ Covaxin) e gerando insegurança jurídica para potenciais investidores. A acusação soou ainda mais grave porque os esforços da CPI sempre se concentraram em denunciar e eliminar as dificuldades criadas pelo governo para adquirir vacinas dos grandes laboratórios internacionais. Foi o bastante para que aquele espetáculo grotesco fosse encerrado sob protestos de toda a mesa.

Omar suspendera a reunião por alguns minutos para acalmar os ânimos e, numa conversa à parte no auditório, numa formação que lembrava a de um time de futebol antes de entrar em campo, disse que era hora de demonstrarmos união, aproveitarmos o intervalo para nos recompor e tentarmos organizar as perguntas para serem mais incisivas. A sugestão foi aceita também sob o argumento de Renan Calheiros de que, àquela altura, o que mais poderia incriminar Ricardo Barros era deixá-lo falar. Foi o que fizemos até o limite demarcado por Barros, quando deixou a comissão.

Foi no grito e na trapaça, mas foi uma vitória da narrativa governista de que ele tinha colocado a CPI nas cordas do ringue. Nos dias seguintes, recortes de trechos da participação de Barros na CPI, retirados do contexto ou incompletos de sentido, foram bastante divulgados pelas redes sociais bolsonaristas, levantando um ânimo que andava muito em baixa desde, pelo menos, o depoimento de Pazuello, recebido com bons olhos pelas hostes governistas.

7. BACALHAU E ÓPERA-BUFA

No decorrer das atividades da comissão, muitas negociações a respeito de convocações, quebras de sigilo e requisição de documentos eram definidas na casa do presidente, Omar Aziz, onde acontecia toda semana, em geral às segundas, a Bacalhoada do Omar, prato-chefe do senador do Amazonas.

Foi num desses jantares que, ainda em agosto, Renan Calheiros sugeriu a convocação do empresário Luciano Hang, notório apoiador do presidente e supostamente identificado como um dos principais financiadores da rede de desinformação e militância do bolsonarismo. Essa informação é corrente desde o início dos trabalhos da CPI Mista das Fake News. Renan argumentava que a atuação de Hang, se desnudada pela CPI, poderia apontar uma ligação direta do empresário com a Presidência da República e sua participação ativa na sabotagem ao combate à pandemia no âmbito privado.

Nós ignoramos e mudamos de assunto o quanto

pudemos sempre que o nome de Hang vinha à tona. Achávamos que, assim como Barros, o chamado "Véio" da Havan poderia produzir na CPI um enorme tumulto e novamente armar os fanáticos de argumentos contra a comissão. O personagem, no entanto, despertava o interesse de alguns senadores que, como ele, defendiam o uso de tratamentos comprovadamente ineficazes contra a covid e viam na sua presença uma oportunidade de propagação dessas ideias.

Outros senadores ansiavam por fazer o oposto: contestá-lo por suas bizarras posições e responder aos frequentes ataques que fazia à CPI, à ciência e às medidas de prevenção contra o coronavírus.

O senador Otto Alencar chegou a dizer, numa das bacalhoadas, que iria providenciar uma gaiola do tamanho de Hang a fim de prendê-lo com aquela fantasia verde e amarela que o fazia lembrar um imenso papagaio. Aziz, influenciado por Renan, alegava que não havia o que temer, que ele próprio seria duríssimo e que o empresário não teria como "crescer" para cima do senador.

O requerimento de convocação de Hang foi apresentado por Renan Calheiros e aprovado em tempo recorde por Aziz, numa sessão em que havíamos nos demorado um pouco mais que o normal para chegar ao auditório. Fomos pegos de surpresa, e a preocupação logo nos dominou, mas não havia o que ser feito a não ser protelar o depoimento. Fizemos vários apelos a Omar Aziz no sentido de não fazermos a oitiva ou, no mínimo, adiá-la sem previsão de data para a sua realização. Aziz inicialmente pareceu concordar com nossa ponderação, mas depois voltou à carga e manteve o pedido de Renan Calheiros.

Então, em 29 de setembro abrimos o púlpito da CPI ao espetáculo grotesco de mentiras e manipulação do empresário catarinense Luciano Hang. Ao contrário do que esperavam e prometiam, os senadores Renan Calheiros e Otto Alencar não conseguiram se contrapor ao depoente, muito menos extrair dele declarações que nos fossem úteis. Houve diversos conflitos no início da reunião envolvendo senadores de nosso grupo, como Rogério Carvalho e Jean Paul Prates contra Hang, seus advogados e vários senadores e deputados que vieram prestar solidariedade ao grotesco personagem e tentar desmoralizar a CPI.

Nosso companheiro Otto Alencar, além de não trazer a citada gaiola para prender o clone do personagem Louro José, do programa global de Ana Maria Braga, indignou-se com Omar Aziz por ele ter autorizado a apresentação de um vídeo institucional da empresa Havan, de propriedade do depoente. Irritado, deixou a sessão, que teve que ser interrompida depois de um sério confronto entre o senador Rogério Carvalho e um dos advogados do empresário que insistia em debochar dos senadores e da CPI. A reunião só viria a ser retomada depois que o causídico apresentou suas desculpas ao parlamentar.

Diferentemente do que prometera, Aziz não conseguiu impedir que Hang "crescesse" e demorou muito mais do que de costume para reassumir a presidência. Alguns senadores do G-7 e seus suplentes, bem como nós, os autores deste livro, ainda tentamos impor limites ao histrionismo do personagem. Em vão.

Desde o início, fomos contra a convocação de Hang. Ele é um ator de ópera-bufa, com uma retórica de vendedor que, mesmo ao confessar, respondendo a uma inquirição da senadora Eliziane Gama, que havia contribuído financeiramente para a compra de milhares de "kits covid" distribuídos em Santa Catarina, o fazia com a segurança de quem tinha praticado um ato legal, ou pior, de alguém que tinha a convicção de que estava resguardado pela impunidade típica. Exalou idêntico cinismo quando admitiu fazer campanha aberta contra a vacinação, dando como exemplo a si próprio por já ter pego covid-19. Ao mesmo tempo, confirmou haver procurado o Ministério da Saúde para assuntar, como já registramos aqui, a possibilidade de empresas particulares adquirirem lotes de vacina, algo proibido por lei.

Assim como nos depoimentos de Pazuello e de Ricardo Barros, as redes bolsonaristas deram vazão, nos dias seguintes ao depoimento, a dezenas de recortes da fala do empresário, retiradas de seu contexto original e que serviram de bucha para os canhões de Bolsonaro nas redes sociais.

Nas sessões consideradas importantes pelo governo, geralmente pela presença de militantes bolsonaristas, empresários ricos e influentes ou membros do Poder Executivo, havia um engrossamento da tropa do governo na CPI, que contava com a chegada sempre tumultuosa do senador Flávio Bolsonaro e mesmo do deputado Eduardo Bolsonaro, filhos do presidente, que atuavam provocando, desrespeitando senadores e assumindo a defesa integral dos inquiridos. Tanto Barros como Pazuello e Hang tiveram esse anteparo, que jogava uma espécie de cortina de fumaça na nossa busca pela verdade.

Revendo os depoimentos hoje é mais fácil achar pontos que deveriam ter sido mais bem explorados e debatidos, mas que, no calor extenuante dos fatos, terminavam por se perder na enorme confusão. Nem sempre foi possível manter a organização e a coesão nas nossas ações com esse objetivo. Esses momentos menos brilhantes da trajetória da CPI, no entanto, não tiraram a força com que nosso conjunto de investigadores expôs o retrato de um governo filiado à morte. Apesar de a improvisação e a informalidade predominarem em muitos momentos, a CPI deu certo como se estivesse predestinada a mudar a história de nosso país. Aos que questionam de modo pessimista "em que deu a CPI?", respondemos com convicção: deu em vacinas e revelou uma face desconhecida desse governo. Sem essas revelações, dificilmente mudaríamos a trágica cruzada histórica atual.

8. CORAÇÕES, MENTES E LIKES

Apesar de separados por uma geração, nós, autores deste livro, tivemos um começo em comum na política e usamos ferramentas similares na nossa militância. Ambos temos dupla formação superior — um médico e jornalista pernambucano, o outro historiador e advogado amapaense —, e a nossa luta na esquerda começou em casa, se estendeu para a escola e daí para a vida. Para o primeiro, o marco político da juventude foi o congresso da UNE no período da ditadura, em 1979. Para outro, a campanha Fora Collor, em 1992.

Até 2010, a política aconteceu para nós dois de forma muito analógica, digamos assim, gastando sola de sapato e saliva em assembleias estudantis, comícios, discursos em plenários e nas ruas, protestos, reuniões de sindicatos, distribuição de panfletos e santinhos. Ganhar corações e mentes com militância na rua e conversa olho no olho é algo que, hoje, parece arcaico, mas por muitos anos perdurou, junto com a televisão, como a forma mais eficaz de promover uma campanha política. Já em 2010, muitos setores da esquerda foram pioneiros em criar ações de militância em ambientes virtuais, com maior ou menor sucesso.

A campanha de 2018 serviu para nos mostrar, no entanto, que a esquerda havia perdido a narrativa nas ruas e nas redes sociais. Foi acachapante e inesperada a predominância que o sentimento de oposição alcançou nas redes sociais de 2013 até desembocar no bolsonarismo. E foram essas mesmas redes que, a partir da instalação da CPI, nos permitiram enfrentar o governo pela primeira vez de igual para igual no ambiente virtual, de maneira orgânica, como se diz no meio, para denotar crescimento sem intervenções externas na quantidade de seguidores e no engajamento de determinado assunto.

No começo de junho de 2021, um esquete de humor produzido pelo perfil @essemenino, no Instagram, então relativamente desconhecido, desafiou os níveis de contágio do mal que assolava o Brasil: viralizou por todo o país.

O vídeo dramatizava a informação recém-divulgada por nós de que o laboratório Pfizer já acumulara 31 e-mails enviados ao governo brasileiro com o objetivo de adiantar as negociações para a compra de imunizantes contra a covid-19, sem no entanto receber qualquer resposta. Mais tarde, durante a triagem de documentos que nos foram enviados pelo Ministério da Saúde para atender a requerimentos aprovados pela CPI, descobriríamos que, na verdade, o número de correspondências oficiais passou de oitenta.

À escalada de e-mails, @essemenino, personagem do roteirista e humorista mineiro Rafael Chalub, de 26 anos, conferia um tom de revolta à fala da Pfizer, espantada com a falta de resposta do governo Bolsonaro a uma questão tão urgente.

O tuíte que serviu de base para o esquete de humor viralizou. Hoje, já está na marca de 5 milhões de visualizações únicas, um número espantoso que, tradicionalmente, sem o apoio de grandes veículos de mídia, dificilmente seria alcançado pela conta de um senador da República, amapaense ou de qualquer estado da federação. Não é fácil dar alcance à informação e, no caminho até o interlocutor, ela está sujeita a mil vieses e reveses. Essa amplitude, somada a um simples esquete de humor — os romanos estavam certos, *castigat ridendo mores*, é rindo que se corrigem os hábitos —, nos pôs diante de mudanças radicais na comunicação que impactaram sobremaneira o andamento da CPI.

O esquete nos dizia, de modo subliminar, que tínhamos furado uma bolha. A maneira debochada como @essemenino atuava no vídeo tratando de um assunto tão árido na verdade mastigava a informação o máximo possível e endossava a revolta pela postura silente do governo, tornando a situação toda de fácil compreensão, coisa que nem sempre conseguíamos em entrevistas coletivas ou mesmo em falas individuais. Além disso, indicava que um público jovem e politicamente engajado tinha se voltado de vez para a CPI.

Os primeiros sinais disso já podiam ser medidos em março de 2021, quando os assuntos "CPI" e "vacina" começavam uma curva ascendente de buscas na internet, dobrando a maré de narrativas divulgadas pelo governo Bolsonaro, eivada de fake news. Com um mês de atividades da comissão parlamentar, os temas da CPI começaram a aparecer entre os assuntos mais mencionados nas redes sociais. Primeiro, competindo com o reality show *Big Brother Brasil*, da Rede Globo; depois, herdando parte do seu público e, o principal, do engajamento de plateia: no final de maio de 2021, já registrávamos canais de Telegram que tinham como foco as edições do *BBB* mudando a pauta completamente para acompanhar os depoimentos iniciais da comissão, por exemplo.

Quando recebemos os primeiros folders com a escalação dos depoentes na comissão como se fossem cartazes de um festival de música, com uma linguagem política bem-humorada e disruptiva, produzidos pelo perfil @jairmearrependi no Twitter, percebemos que o interesse pela CPI tinha ensejado uma rede de comunicação, de pressão e colaboração política expressa em memes, gifs, montagens — elementos novos para nós dois, que atuamos em comissões parlamentares de inquérito desde o começo de nossas carreiras políticas, num tempo em que não existiam reality shows e a política tampouco era acompanhada como se fosse um produto midiático dessa natureza.

Sempre soubemos que, no debate público, era preciso ganhar corações e mentes — e foi para isso que nos preparamos. Mais recentemente, percebemos que a tarefa se ampliara: agora era também preciso ganhar likes.

À medida que os temas eram debatidos na CPI, os depoentes e a própria comissão se tornavam o assunto mais comentado nas redes sociais. A audiência dos interrogatórios na internet crescia de forma explosiva, até premiar o canal do Senado no YouTube, no começo de julho de 2021, com o recorde de visualizações desde a sua criação e o alcance de 1 milhão de seguidores. Atualmente, vinte dos trinta vídeos mais vistos no canal são de depoimentos à CPI da covid.

Perfis como @luide e @AnarcoFino, em lives analíticas veiculadas na Twitch, um ambiente gamer que nos era desconhecido até então, chegavam a reunir 30 mil espectadores acompanhando as sessões. Outras vezes eram os perfis @jairmearrependi, @bolsoregrets,

@camarotedacpi, @desmentindobozo, @tesoureiros, @medoedeliriobr, entre outros, que coletavam e nos enviavam vídeos e documentos públicos que provavam a ação ou a omissão do governo Bolsonaro, tanto do próprio presidente como dos seus ministros e assessores, no trato da pandemia. Esse material, por vezes, embasaria perguntas, requerimentos e até indiciamentos na CPI, sendo fundamental para darmos celeridade a muitos processos que, até bem pouco tempo antes, levariam semanas, até meses, para ser encaminhados.

Um tuíte do perfil @tesoureiros, que demonstrava a falta de atuação do Itamaraty na busca por vacinas junto a outros países, serviu de base para questionamentos feitos ao ex-ministro das Relações Exteriores, Ernesto Araújo. Sem essa rede de colaboração, que incluía outros perfis, a maioria anônimos, como @jairmearrependi, além de internautas individuais, é provável que a CPI tivesse mantido por menos tempo o engajamento público, à medida que a cobertura ia dando espaço a outros acontecimentos no noticiário tradicional da grande mídia.

Em alguns momentos, quando as cobranças pelo fim da CPI já podiam ser ouvidas no cafezinho do Senado ou nas conversas com jornalistas que cobrem o Congresso, foram as redes sociais que deram novo fôlego à comissão. Por exemplo, na semana do depoimento dos irmãos Miranda a respeito do contrato do governo Bolsonaro para a aquisição superfaturada da vacina indiana Covaxin, a partir de uma fagulha que podia ser acesa pelo Twitter, dava-se o efeito cascata de cobertura da mídia.

Ao mesmo tempo, em que pese todo o poder de mobilização das redes sociais, é importante ressaltar o papel da imprensa tradicional, que realizou algo restrito ao jornalismo: reportagens de longo alcance e investigações profundas. Muitos dos temas cobertos pela CPI nos foram sinalizados por jornalistas que, dando seguimento às suas investigações, precisavam confirmar informações conosco ou nos revelavam outros escândalos ou indícios que vinham apurando. O contrário também aconteceu muitas vezes, quando levávamos à imprensa informações preliminares e denúncias que, sozinhos, não teríamos condições de investigar, mas que despertavam nos jornalistas o interesse por uma apuração mais aprofundada.

Um importante exemplo do papel da grande mídia na definição das pautas da CPI foram as matérias produzidas pelo jornalista Guilherme Balza, da GloboNews, sobre o caso Prevent Senior. A comissão já havia recebido muitas denúncias sobre o comportamento de várias empresas de planos de saúde ou de hospitais privados que estariam administrando tratamentos inadequados aos seus pacientes acometidos pela covid, em especial os medicamentos do chamado kit covid. Esses remédios (cloroquina, hidroxicloroquina, ivermectina, azitromicina e outros) já tinham sido objeto de vários estudos científicos rigorosos, que provaram sua absoluta ineficácia no tratamento da covid-19 e os graves efeitos colaterais que poderiam causar aos pacientes.

Vários integrantes da CPI resistiam muito a investigar essas empresas que, abertamente, faziam lobby para não serem convocadas. Algumas usaram esses medicamentos durante o período inicial da pandemia, quando não havia estudos conclusivos sobre sua eficácia, e depois os abandonaram. Outras não só continuaram usando como ampliaram o número de medicamentos do kit. As denúncias cresciam. Porém, a falta de provas ou de pessoas que assumissem em público as denúncias fez com que os fatos não entrassem no radar da comissão. Seria necessário um fato bombástico para que isso acontecesse.

Já havia algum tempo, Balza vinha produzindo matérias sobre denúncias relativas ao comportamento do grupo Prevent Senior, um dos maiores planos de saúde do estado de São Paulo, que oferecia mensalidades a preços mais baixos para uma clientela predominantemente mais idosa. O modelo adotado pelo plano era o da verticalização: a empresa vendia o plano e ela mesma prestava assistência por meio de uma rede própria de hospitais, ambulatórios e outros serviços. Entre as denúncias estava o assédio moral a profissionais médicos que se recusassem a prescrever o kit covid, a falsificação de atestados de óbito para produzir estatísticas favoráveis ao tratamento e até mesmo a realização de "estudos científicos" em pacientes, sem conhecimento ou autorização dos próprios ou dos familiares. Muitas vezes o jornalista insistiu com integrantes da comissão para que atentassem para a gravidade do tema. Chegou até a produzir matérias em que os profissionais, sem exibir o rosto e com a voz alterada por efeitos especiais, confirmavam as denúncias. Ainda assim, importantes integrantes da CPI cobravam que alguém com nome e sobrenome assumisse a autoria das denúncias para que a CPI entrasse no assunto. Até que uma corajosa advogada, Bruna Morato, nos enviou um documento contendo as denúncias e as provas coletadas pelos médicos que ela representava.

As denúncias indicavam que a operadora praticava os mais incríveis absurdos. O chamado kit covid era enviado para a casa dos beneficiários do plano e os médicos eram obrigados a fornecer os medicamentos para todos os pacientes com sintomas da doença. Quanto mais notícias eram veiculadas, mais conversas realizadas, mais provas apresentadas, maior veracidade ganhava a denúncia. A partir daí começamos o processo de convencimento do G-7 sobre a necessidade de o tema ser abordado pela CPI.

No dia 7 de setembro, alguns médicos aceitaram se reunir conosco e com assessores de outros senadores. Na reunião, todas as informações foram confirmadas e, pela primeira vez, houve a constatação de que esses médicos de fato existiam.

Havia resistência, em especial de Omar Aziz, a dar visibilidade a essa denúncia, pois, em sua visão, não era razoável confiar em médicos que denunciavam anonimamente. Mas eram tantas as provas e evidências que um dos médicos e a própria dra. Bruna se sentiram confiantes em comparecer a uma reunião presencial com o G-7. Essa reunião ocorreu no gabinete de Aziz, e o relato foi chocante. Ao mesmo tempo, o assunto foi tema de nova matéria no *Fantástico*, aumentando a repercussão nacional do caso. Denúncias de pacientes também começaram a aparecer. Tudo isso tornou inevitável que a CPI abordasse o tema. Naquele momento, eram muitas as vozes que pediam o fim da comissão. O caso da Prevent Senior deu vida nova às investigações.

Agendado o depoimento do executivo da Prevent, a testemunha não compareceu e foi em busca de um habeas corpus do STF que o eximia de participar da CPI. Porém a manobra se voltou contra ele próprio. A GloboNews transmitiu ao vivo uma matéria em que o jornalista Guilherme Balza esmiuçava a denúncia com mais de cem páginas de provas. Um tiro no pé da Prevent.

Agendada nova data, ocorreu a oitiva do executivo, que nada esclareceu ou explicou, o que apenas piorou a situação da empresa. Em seguida, compareceram uma vítima da Prevent, a advogada dos profissionais e um dos médicos que ela representava. Todos foram muito convincentes, e suas falas foram emocionantes. As provas foram apresentadas, ao vivo e em cores, em rede nacional.

Conseguimos, assim, graças à coragem de uma jovem advogada, de um médico consciente da necessidade de agir de acordo com a ética profissional e de um paciente que foi salvo da morte pela perseverança e força de suas filhas, revelar ao Brasil uma pequena amostra dos horrores que muitos devem ter vivido. Em um momento em que a CPI estava novamente perdendo força, aprovar a convocação dessas pessoas foi crucial para o trabalho da comissão. Os senadores Otto Alencar e Rogério Carvalho entendiam a necessidade de apuração daquelas denúncias e foram fundamentais no convencimento dos integrantes do G-7.

O caso Prevent Senior se tornou um episódio importante. A audiência com uma das vítimas foi um dos momentos mais tristes e emocionantes da CPI. Foi um tema que sensibilizou a categoria médica paulista e até mesmo integrantes da base governista, como a senadora Soraya Thronicke. O episódio da fraude no atestado de óbito da genitora do empresário Luciano Hang foi mais uma demonstração de quanto essa pandemia não foi levada a sério pelo governo e por alguns empresários da saúde que querem apenas lucrar em qualquer situação.

O tema foi tão sensível que levou até mesmo à instalação de uma CPI na Câmara de Vereadores do município de São Paulo, que foi concluída com o indiciamento de vinte pessoas.

A construção do relatório final da CPI representou uma vitória da política sobre o vírus. Isso porque, apesar de posições muito díspares sobre o que deveria constar do documento final, prevaleceu a unidade para aprovar um documento contundente, que expressasse grande parte dos abusos e omissões cometidos pelo governo durante a pandemia.

Mas essa construção não foi simples.

A par das diferenças partidárias, regionais e de convicções pessoais entre os membros da CPI, havia muitas divergências sobre o que deveria, enfim, ser objeto da investigação e, consequentemente, do relatório final.

O relator, político experiente, resolveu transformar o relatório num repositório das denúncias recebidas e investigadas pela CPI, ainda que não tivessem sido objeto de tomada de depoimentos. Mais que isso, o relator buscou transformar seu texto no libelo das vítimas, dos críticos, dos que defendiam vidas. A peça não se destinava apenas ao palco das refregas políticas, mas à história, verdadeiro juiz dos fatos.

Trazer nas conclusões a análise de todos os elementos abordados pela CPI fazia sentido, já que as investigações parlamentares, como é típico de inquéritos, não se resumem àquelas postas em depoimentos e reuniões públicas, transmitidas pela TV. Os documentos recebidos fazem parte da investigação, e grande parte do trabalho é silenciosa, elaborada por diversos profissionais vinculados à relatoria, à presidência e aos gabinetes dos integrantes da comissão.

Esse trabalho hercúleo nem sempre se expressava nos depoimentos. Era comum olhar nos olhos do pessoal da assessoria e sentir a frustração com o fato de que questões importantes não tinham sido abordadas nos míseros quinze minutos que cada senador tinha para inquirir, à exceção do relator (cujo tempo é livre).

Os roteiros de cada depoimento eram enormes, com dezenas de páginas de perguntas e análises. Esse trabalho todo não poderia ser descartado. Pelo contrário, eram insumos para outras oitivas e, mais que isso, eram matérias lapidadas que deveriam ser aproveitadas no momento oportuno, qual seja, no relatório final.

É importante registrar que a equipe técnica de cada senador e sobretudo a equipe da relatoria eram compostas por profissionais altamente capacitados, de diversas áreas, cujos saberes se complementavam de forma transdisciplinar. Consultores, advogados, médicos, jornalistas, gestores, delegados, agentes, procuradores, enfim, diversos profissionais a serviço da investigação.

O rigor técnico de algumas análises, fosse no campo da saúde pública ou do direito, muitas vezes não considerava o contexto político. Era nosso dever, enquanto senadores, apreender a tecnicidade das questões, traduzi-las para a população e colocá-las a serviço da boa política.

Foi assim que o material produzido em cada depoimento, somado às investigações realizadas sobre cada denúncia, deu forma ao documento final do relator. E Renan soube aproveitar o melhor do que foi produzido por cada senador. O trabalho conjunto foi decisivo para se conseguir analisar todo o material. Isso porque o volume de documentos recebidos pela CPI da Pandemia foi mais de dez vezes superior ao recebido pela CPI que mais havia recebido documentos na história do parlamento brasileiro. Podemos dizer que o texto final, com todas as contradições que possa apresentar, expressa, em grande medida, o pensamento médio do chamado G-7.

Nas semanas que antecederam o final da CPI, as tensões estavam voltadas para o texto do relator. Em reunião do G-7 no início de outubro, Renan solicitou que os senadores integrantes do grupo encaminhassem sugestões ao texto final. Dez dias depois, apresentou uma prévia do documento, permitindo que os senadores, novamente, sugerissem mudanças.

Nossas equipes — lideranças do PT e da Rede — elaboraram grandes emendas de texto que, salvo um caso ou outro, foram incorporadas ao documento final. Pela dinâmica das audiências para depoimentos de testemunhas e investigados, os temas centrais do relatório final estavam claros: gabinete paralelo, imunidade de rebanho, tratamento precoce, medicamentos ineficazes, recusa na aquisição de vacinas, corrupção no Ministério da Saúde, entre outros.

Alguns assuntos, ainda que sua presença no relatório final fosse inevitável, guardavam divergências sobre qual o melhor encaminhamento que a CPI poderia lhes dar. No caso da crise do estado do Amazonas, o relator destacou a responsabilidade do governo federal, mas incluiu um capítulo sobre a atuação do governo estadual. As conclusões, porém, não agradaram integralmente aos senadores pelo Amazonas Omar Aziz e Eduardo Braga. Aziz valia-se da poderosa posição de presidente para exigir o indiciamento de um deputado estadual que havia relatado uma CPI na Assembleia Legislativa do Amazonas que isentava o governo de qualquer responsabilidade. Braga e Renan não aceitavam esse indiciamento. O episódio gerou muita tensão. Ao final, Renan fincou o pé e sua posição prevaleceu sobre a de Aziz.

Outro tema em torno do qual não houve consenso foi o capítulo que tratava da atuação dos planos de saúde. Nós dois defendíamos que, dado o vasto material recebido, deveriam ao menos constar no relatório informações que a CPI havia recebido sobre várias operadoras que utilizaram o chamado tratamento precoce e só o abandonaram após o início da CPI. O consenso foi o de se relatar apenas o caso Prevent Senior.

Outros temas não eram tão óbvios assim para constar do relatório final e causaram muita polêmica. Seja porque não foram tratados nas reuniões públicas da comissão, seja porque havia divergências internas. A questão das fake news, a responsabilidade dos militares na pandemia e o impacto das políticas do governo federal sobre os povos indígenas somente figuraram no documento final porque o relator fez uma aliança tática importante com diversos membros do G-7.

No caso da desinformação ou das fake news na pandemia, a CPI fez um trabalho de grande importância histórica e prática. As mais de duzentas páginas dedicadas ao tema desvelam o modus operandi da indústria de notícias falsas e de discursos de ódio existente no Brasil e que tem no presidente Jair Bolsonaro o seu epicentro.

Além dos documentos recebidos pela CPI, Renan trabalhou com diversos senadores, entre eles nós, autores deste livro, e contou ainda com a colaboração da relatoria da CPMI das Fake News — suspensa durante a pandemia — para chegar à conclusão de que existe uma organização, estruturada em núcleos, que produz e dissemina desinformação na área da saúde e em todos os demais campos de interesse do governo. São milícias digitais, para usar a expressão do ministro do STF Alexandre de Moraes, que espalham mentiras e destroem a honra de todos aqueles que ousam divergir de Bolsonaro.

Essa organização, segundo o relatório final, é formada por, ao menos, cinco núcleos articulados entre si, a saber: o núcleo de comando (1), que interage diretamente com o núcleo formulador (2), o núcleo político (3), o núcleo de produção e disseminação das fake news (4) e o núcleo de financiamento (5). O Gabinete do Ódio, que funciona na própria Presidência da República, é um dos braços operacionais desses milicianos. O documento concluiu pelo indiciamento de políticos, influencers, empresários e agentes públicos.

Sem medo de errar, o Relatório Final da CPI da Pandemia representa um dos mais completos e contundentes documentos sobre a indústria de desinformação já produzidos por um órgão público brasileiro. Denunciamos o quanto isso vem contaminando nossa democracia com mentiras e ameaças às instituições da República, especialmente o STF.

No momento da votação, diversos senadores da base do governo questionaram o capítulo das fake news no relatório final, dizendo que o tema não havia sido discutido. A objeção, porém, sequer foi considerada, já que as conclusões do relatório estavam lastreadas em provas recebidas pela própria comissão. Além disso, havia relativo consenso no G-7 — e, por que não dizer, no próprio Senado — sobre a gravidade dessa questão, a necessidade de responsabilizar os culpados e a importância de instituir uma regulação mais efetiva sobre o tema.

No que tange à regulação, a bancada do PT na CPI fez pressão sobre o relator para que ele abandonasse o projeto de lei sobre o tema trazido no relatório, cuja redação nos parece equivocada. Para nós, o PL nº 2630/2019, já aprovado pelo Senado e em tramitação na Câmara, apesar dos limites, é mais adequado. Renan, porém, bateu o pé. Diante de sua intransigência, deixamos claro para ele que não tínhamos o compromisso de apoiar o projeto durante sua tramitação.

Menos consensual foi o tema da responsabilidade dos militares na pandemia. O Brasil inteiro sabe que a estratégia de Jair Bolsonaro frente à pandemia somente foi implementada porque contou com beneplácito de alguns setores da cúpula das Forças Armadas. Tanto é assim que o principal operador da política foi o general Pazuello, nomeado ministro da Saúde para ressoar as sandices presidenciais no que tange à promoção de medicamentos sem eficácia e rejeição à compra de vacinas. Ademais, o governo federal mobilizou os laboratórios das Forças Armadas para produzir cloroquina e hidroxicloroquina, medicamentos sem eficácia e rejeitados pela Organização Mundial da Saúde para o tratamento da covid.

A responsabilidade desses militares — que, evidentemente, representam uma minoria nas Forças Armadas — não foi aprofundada em decorrência de um bloqueio produzido por diversos integrantes da comissão. Os senadores do G-7 que consideravam importante a investigação não esticaram a corda em nome da unidade do grupo.

A corda foi esticada, porém, no caso do tratamento conferido aos indígenas pelo governo federal durante a pandemia. Os coautores deste livro e demais senadores estavam preocupados porque o impacto da pandemia sobre os povos originários foi grave e desproporcional. Medidas mitigatórias de suma importância foram deliberadamente recusadas ou negligenciadas. O auxílio sob a forma de serviços de saúde e alimentos, missões de assistência e barreiras sanitárias foi implementado em alguns casos, sobretudo por meio do STF (ADPF nº 709). Mas a ajuda prestada foi insuficiente e descontínua. Ademais, graves ameaças pairavam — e ainda pairam — sobre a vida e os territórios ocupados por povos indígenas, que, em muitos casos, estão submetidos ao risco efetivo de genocídio.

O governo federal, que pode e deve proteger os indígenas, passou a perseguir comunidades ou quedou-se inerte, violando seu dever de cuidado. Mais que isso, conforme aponta o relatório, diversas ações da Funai e do Ministério da Saúde tiveram a intenção de submeter esse grupo específico da população ao risco de contágio.

A primeira versão do documento final fazia o enquadramento das ações e omissões dolosas do governo federal junto aos indígenas como genocídio, nos termos previstos no artigo 6º do Estatuto de Roma, tese essa defendida pelos diversos movimentos que militam na área de proteção aos indígenas. Alguns senadores, porém, não aceitavam o enquadramento de Bolsonaro e seu governo nessa modalidade de crime e ameaçavam rejeitar o relatório. Alegavam que os indígenas, mesmo a contragosto do governo ou protegidos por ações do parlamento ou do Supremo Tribunal Federal, teriam tido a devida atenção ao longo da pandemia, inclusive quanto ao acesso às vacinas. O relator, expressando a opinião de vários outros integrantes, não abria mão de seu texto original.

Mais uma vez a boa política se fez presente, e o relator concordou em desclassificar a acusação de genocídio para transformar a conduta do governo federal em crime contra a humanidade, também previsto no Estatuto de Roma, nas modalidades extermínio, perseguição a grupo étnico e outros atos desumanos (artigo 7º, 1, b, h e k).

Assim como no caso das fake news, a resposta da CPI foi contundente no sentido de reconhecer a responsabilidade do governo federal na questão indígena. Ademais, não nos parece que a mudança de classificação tenha alterado a gravidade do crime.

A construção do relatório final — como, de resto, todo o trabalho de investigação — foi enriquecida pela colaboração da sociedade. Estamos no parlamento há muitos anos e nunca tínhamos visto tamanha participação em uma CPI. Grupos organizados, entidades de defesa das vítimas — como a Associação Vida e Justiça —, conselhos de saúde — especialmente o Conselho Nacional de Secretários de Saúde (Conass) —, acadêmicos, ativistas de redes sociais — como Sleeping Giants —, entre muitos outros, auxiliaram os senadores e o relator. Foi essa força viva, aliada ao importante trabalho da imprensa, que criou as condições para que a CPI da Pandemia fosse inscrita na galeria das mais importantes investigações parlamentares já realizadas no Brasil.

Em síntese, nas 1287 páginas do relatório da CPI poderemos encontrar algumas contradições. Se questionados individualmente, estamos certos de que os integrantes do G-7 divergem de diversos pontos. Algumas diferenças são de fundo e jamais seriam relevadas durante uma discussão normal de matérias no parlamento.

Mas a política venceu. Todos os senadores compreenderam seu papel histórico. Os sete votos contra quatro que aprovaram o Relatório Final representam uma inequívoca prova de que é possível construir unidades, mesmo em ambientes polarizados. E de que a boa política é capaz de vencer os maiores inimigos, ainda que sejam invisíveis como o coronavírus.

9. A POLÍTICA CONTRA O VÍRUS

Em 26 de outubro de 2021 ocorreu a votação do relatório final, e a CPI, oficialmente, encerraria as suas atividades — mas o nosso trabalho, assim como a pandemia, ainda estava longe de acabar. No dia seguinte, fizemos a entrega do relatório ao presidente do Senado, Rodrigo Pacheco, e a intenção era também levar o documento ao presidente da Câmara, Arthur Lira, mas essa ideia foi abandonada. Afinal, se ele não tinha disposição para analisar os incontáveis pedidos de impeachment já apresentados, não iria analisar o relatório da CPI com a seriedade devida. A Lira restou receber mais um pedido de impedimento de Bolsonaro, elaborado pelo professor Miguel Reale Júnior, com base no relatório final da CPI.

Além disso, o presidente da Câmara já tinha tecido críticas ao indiciamento de deputados, como aqueles que o relator da CPI enquadrou por incitação ao crime diante da difusão de desinformação sobre a pandemia. E havia, também, o caso de Ricardo Barros, líder do governo na Câmara e do mesmo partido de Lira, indiciado por incitação ao crime, advocacia administrativa, improbidade administrativa e formação de organização criminosa.

No dia seguinte à apresentação do relatório, fizemos a entrega da peça ao procurador-geral da República, Augusto Aras, que falou em "avançar" com as investigações. Tínhamos uma avaliação de que, talvez, isso fosse possível, dependendo do andamento da indicação de André Mendonça ao cargo de ministro do STF, vaga também cobiçada por Aras. Ocorre que, mesmo com a vitória de André Mendonça, Aras se manteve fiel a Bolsonaro, que o conduziu por duas vezes ao cargo e fez o que foi possível para atrapalhar o curso das investigações.

No mesmo dia, fomos ao Supremo Tribunal Federal para fazer a entrega do relatório ao ministro Alexandre de Moraes. Achávamos importante a nossa colaboração, sobretudo quanto ao inquérito das fake news, presidido por Moraes, já que a CPI tinha desvendado uma rede para difusão de informações falsas sobre a pandemia e até mesmo o patrocínio de empresas produtoras do kit covid para um grupo de médicos entusiastas do tratamento precoce. Na conversa, Moraes avaliou que a CPI havia obrigado os bolsonaristas e o próprio presidente a direcionarem seus ataques à comissão, reduzindo sensivelmente, ainda que por pouco tempo, o cerco e a pressão impostos à Suprema Corte, sobretudo após o recente 7 de Setembro de caráter golpista. O relatório também foi entregue ao presidente do STF, Luiz Fux, causando, aliás, ciúmes em alguns ministros que não pudemos visitar.

Entregamos também o documento à Procuradoria da República no Distrito Federal, responsável por investigar fatos citados no relatório praticados por pessoas que não possuíam foro privilegiado.

O Tribunal de Contas da União (TCU) recebeu as conclusões da CPI pelas mãos de sua presidente, a ministra Ana Arraes, cabendo à instituição aprofundar as investigações nos casos da VTCLog, da Precisa Medicamentos, do relatório da Conitec sobre tratamento precoce e das denúncias do ex-governador do Rio de Janeiro, Wilson Witzel, sobre a existência de um "dono" controlando os recursos dos hospitais federais naquele estado.

Criamos a Frente Parlamentar Observatório da Pandemia, cujo objetivo é o acompanhamento permanente dos trabalhos nos órgãos responsáveis pelos desdobramentos das investigações, bem como a fiscalização da atuação do governo até o final da pandemia. Aprovado pelo Senado, o Observatório realizou uma série de agendas para a entrega do relatório a diversos outros agentes competentes, bem como para demonstrar vigilância quanto às providências a serem tomadas pelos órgãos diretamente responsáveis por esses encaminhamentos.

Fomos a São Paulo dias depois, em 10 de novembro, quando entregamos o relatório a Reale Júnior, cujo pedido de impeachment de Bolsonaro, elaborado com base nas investigações, substituiu nossa visita a Arthur Lira. Receberam também o documento o Ministério Público do Estado de São Paulo, a Câmara de Vereadores da capital e o Ministério Público do Trabalho.

Como desdobramento das denúncias da CPI, a Câmara Municipal de São Paulo decidiu investigar as ações da Prevent Senior, que, durante a pandemia da covid-19, obrigou profissionais de saúde a trabalharem infectados pelo coronavírus, forçou médicos a receitarem medicamentos sem eficácia, ameaçou funcionários e ocultou mortes em estudos experimentais com hidroxicloroquina e outros medicamentos. O relatório dessa CPI municipal foi entregue em 4 de abril de 2022.

O Ministério Público estadual do Rio de Janeiro e a Procuradoria Regional da República da 2ª Região receberam o relatório no dia seguinte, mas não deixaram transparecer muito interesse pelo aprofundamento do caso.

Em Manaus, os membros do Observatório foram recebidos pelo Ministério Público Federal e pelo Ministério Público estadual do Amazonas, aos quais fizeram uma forte cobrança por justiça aos familiares das vítimas mortas por falta de oxigênio, a mais chocante das tragédias coletivas ocorridas na pandemia no Brasil.

Em meio a todas essas visitas e entregas de relatórios, estávamos travando uma verdadeira batalha com a inerte Procuradoria-Geral da República para que as investigações tivessem andamento.

No início de novembro, mais especificamente no dia 3, a Secretaria de Comissões do Senado, após assinatura de um termo de sigilo, encaminhou um link à PGR para tornar possível o download dos documentos confidenciais. A Procuradoria-Geral da República, ao contrário de todos os demais órgãos que receberam o relatório, informou não ter conseguido concluir o download e enviou à CPI um HD para que os documentos pudessem ser transferidos por esse meio. No dia 9 de novembro, o HD foi entregue à PGR com a documentação individualizada por nome de cada indiciado.

Duas semanas depois, a Comissão de Direitos Humanos e Legislação Participativa do Senado Federal aprovou requerimento de nossa autoria convidando Augusto Aras para explicar quais ações estavam sendo tomadas com base no relatório final da CPI. O PGR declinou do convite. Ao que nos consta, por não ter nada a apresentar. Um dos primeiros a receber uma cópia do documento, Aras restaurava a vergonhosa figura do engavetador-geral da República, evitando tomar decisões que pudessem fustigar seus protegidos políticos. Começávamos uma nova batalha.

No dia 25 de novembro, a PGR protocolou petições junto ao STF solicitando ao Senado Federal o envio de um anexo. Identificamos ali um claro ânimo protelatório do procurador-geral, uma vez que o pedido poderia ter sido feito direta e imediatamente ao Senado. Com a intermediação da Suprema Corte, os pedidos só chegaram ao parlamento vinte dias depois, em 15 de dezembro.

Em menos de uma semana, o diretor de Comissões do Senado encaminhou o anexo do relatório, que era tão somente uma listagem de documentos já entregues desde 9 de novembro ao próprio Aras. Seguimos então nessa celeuma por mais de um mês, sem que nenhum encaminhamento fosse dado pela PGR.

No dia 8 de fevereiro de 2022, o vice-procurador-geral Humberto Jacques solicitou uma reunião com a CPI para tratar do assunto. Ele argumentou que eram muitos os documentos e sugeriu que pedíssemos apoio à Polícia Federal, como já tínhamos feito durante os trabalhos da CPI. O pedido causava estranheza: por que a própria PGR não requisitaria o trabalho da PF? A resposta foi perturbadora, mas diz muito sobre o atual estado de disfunção de nossas instituições: "Se requisitássemos, teríamos que abrir um inquérito".

Naquele momento, ficou claro que o recado do

procurador-geral Augusto Aras era que ele não determinaria a abertura de inquérito para investigar os fatos narrados pela CPI e, na nossa interpretação, para não contrariar o presidente Bolsonaro e colocar em risco uma eventual indicação de seu nome a uma futura vaga no STF. Ficava evidente que, apesar de termos feito um trabalho profundo e minucioso e envidado todos os esforços para que as investigações realizadas pela CPI fossem levadas até as últimas consequências, havia quem não estivesse disposto a cumprir seu papel para que esse objetivo fosse atingido.

No mesmo dia e local, uma equipe de técnicos da PGR participou de uma outra reunião, dessa feita também com a presença dos senadores Omar Aziz e Renan Calheiros. Ali se confirmou a intenção do PGR de não abrir nenhum inquérito sobre o tema. Os procuradores apresentaram as ideias mais absurdas para que não fosse da PGR o primeiro passo nas investigações. Chegaram a pedir que a Advocacia do Senado solicitasse ao STF que reclassificasse as petições feitas pela CPI como inquérito, com a alegação de que o trabalho da Procuradoria seria uma extensão daquele feito pela CPI, que, na visão da PGR, já se tratava de inquérito.

O senador Renan Calheiros se indignou e disse: "Ele tem três opções: pedir diligências à PF, abrir inquérito ou arquivar as investigações. Uma atitude ele tem que tomar!". O senador Omar Aziz também não estava satisfeito com as queixas dos técnicos em relação à dificuldade de analisar os documentos: "Então, deixa eu ver se entendi: a gente já mastigou tudo para vocês, agora vocês querem que a gente dê na boca?!".

A indignação dos dois tinha razão de ser: a Procuradoria-Geral da República estava se esquivando de fazer o seu trabalho, mesmo com uma enorme estrutura à sua disposição. Para nós, era um absurdo: a CPI conseguiu fazer um trabalho ao qual, para a poderosa PGR, parecia impossível dar continuidade?

Vale ressaltar que, no dia 4 de janeiro, em meio à inapetência investigativa do procurador Augusto Aras, o Ministério Público Federal no Distrito Federal, munido do mesmo relatório e do mesmo conjunto probatório que foi entregue à PGR, decidiu abrir doze investigações preliminares para aprofundar os fatos listados pela CPI que não envolviam autoridades com foro privilegiado. Da mesma forma, o Ministério Público de São Paulo nos encaminhou um relatório com as providências adotadas com relação ao relatório final da CPI da covid. Eles dividiram os casos em treze notícias de fato e encaminharam para as promotorias competentes.

A PGR seguiu se furtando de fazer o seu trabalho e, no dia 20 de abril, o STF determinou a remessa do conjunto de provas colhidas pela CPI para a Polícia Federal, exatamente o que havíamos sugerido em fevereiro.

É um dever do parlamento e de toda a sociedade brasileira exigir o aprofundamento das investigações iniciadas pela CPI do Senado, criada para averiguar as ações e omissões do governo federal no enfrentamento da pandemia da covid-19. Nesse sentido, exerce papel fundamental a Procuradoria-Geral da República, a quem cabe investigar e processar as autoridades que têm foro especial, em particular o presidente da República, ministros e parlamentares.

À esquerda, ao centro ou à direita, qualquer representante do povo deve ter em mente que há situações em que seu alinhamento político e ideológico não pode se sobrepor às exigências do momento. Como membros do Congresso há várias décadas, conhecemos inúmeros exemplos de articulações produtivas entre figuras que compartilham pouco ou nada em termos de ideologia ou simpatia partidária. Pode-se dizer muita coisa ruim sobre alguns de nossos parlamentares, mas é preciso reconhecer os momentos em nossa experiência histórica em que a noção de responsabilidade política viabiliza alianças estratégicas entre agentes dos vários campos.

A novidade do bolsonarismo é jogar no lixo qualquer ideia de convivência democrática e bem comum. Foi contra isso que a CPI se insurgiu — e foi por seu caráter de frente ampla republicana que ela se tornou um espaço de resistência com tanta reverberação. Infelizmente, tudo indica que nos próximos anos seguiremos enfrentando novas variantes dos terríveis vírus que assolam o país — sejam eles o Sars-cov-2 ou o bolsonarismo. Derrotá-los é uma tarefa maior do que quaisquer interesses pessoais, ideológicos ou partidários. Lutar contra eles é um imperativo ético que se apresenta a cada um de nós, todos os dias.

É dever de todo parlamento e de toda a sociedade brasileira exigir o aprofundamento das investigações iniciadas pela cpi do Senado. Exerce papel fundamental nesse sentido a Procuradoria-Geral da República, a quem cabe investigar e processar as autoridades com foro especial, em particular o presidente da República, ministros e parlamentares.

A despeito do rol de indícios e provas que a cpi apresentou ao órgão em seu relatório, em 25 de julho de 2022, a Procuradoria-Geral da República, na figura da vice-procuradora Lindôra Araújo, pediu ao Supremo Tribunal Federal o arquivamento de sete apurações preliminares para investigar a responsabilidade do presidente em diversos atos atentatórios contra a saúde pública no decorrer da pandemia. Das sete, cinco delas pediam o indiciamento do mandatário: crime de charlatanismo, prevaricação, emprego irregular de verbas ou rendas públicas, epidemia com resultado de morte e infração de medida sanitária preventiva.

Segundo relatório da vice-procuradora, houve "ausência de indícios mínimos para se afirmar que o presidente da República Jair Messias Bolsonaro teria incorrido em qualquer prática delitiva no contexto em questão, não se verifica a existência do interesse de agir apto a ensejar a continuidade deste processo".

Por mais que conhecêssemos o grau de servilismo da Procuradoria-Geral da República sob Augusto Aras, não acreditávamos que o órgão chegaria ao desatino de pedir o arquivamento de crimes obviamente cometidos momentos antes do começo da campanha eleitoral de 2022, para que isso funcionasse como um atestado de inocência de Jair Bolsonaro.

Protestaremos, recorreremos às instâncias cabíveis, faremos o possível para que essas investigações sejam realmente levadas a cabo, pois acreditamos que sem elas e a subsequente responsabilização do governo federal, não poderão descansar em paz as mais de 675 mil vítimas fatais da covid nem poderão desfrutar do sentimento de justiça seus entes queridos.

Julho de 2022

AGRADECIMENTOS

Este livro não existiria sem a CPI, e esta não teria acontecido sem o engajamento de milhões de brasileiras e brasileiros que apoiaram o funcionamento da comissão aberta pelo Senado para apurar a política de morte deliberadamente adotada pelo presidente da República durante a pandemia da covid-19. A todas essas cidadãs e a todos esses cidadãos, muitos dos quais não sobreviveram para ver a conclusão dos trabalhos da CPI, nossos sinceros agradecimentos.

Agradecemos também aos colegas assessores Alberto Lima, Ana Cristina Barros, Ana Paula Menezes, Ilano Barreto, Marcos Rogério de Souza e Silvana Pereira por não deixarem que fatos importantes ficassem escondidos em nossa memória e acabassem de fora do livro. Somos gratos também por todo o auxílio que prestaram no aprofundamento da pesquisa e na composição do texto, e sobretudo por afirmarem o caráter documental desta obra — que legamos ao povo brasileiro para que os crimes contra a dignidade humana, cometidos por agentes do estado e a mando do chefe do Poder Executivo durante a pandemia de covid-19, nunca se repitam.

ESTA OBRA FOI COMPOSTA PELA SPRESS EM ELECTRA E IMPRESSA
EM OFSETE PELA GRÁFICA BARTIRA SOBRE PAPEL PÓLEN BOLD
DA SUZANO S.A. PARA A EDITORA SCHWARCZ EM SETEMBRO DE 2022

A marca FSC® é a garantia de que a madeira utilizada na fabricação do papel deste livro provém de florestas que foram gerenciadas de maneira ambientalmente correta, socialmente justa e economicamente viável, além de outras fontes de origem controlada.